KB073530

ARCHITECT

빛과 선으로 삶을 그리는 사람

JOBS
ARCHITECT
건축가: 빛과 선으로
삶을 그리는 사람

REFERENCE by B

Opener 8

Interview 01 존 포슨 23
완벽을 좋아하지만, 그리 완벽하진 않습니다

Interview 02 네임리스 건축 57
복잡성을 줄이세요

Interview 03 황두진 103
결과를 만들어야 하는 일은 태도만으로 되지 않습니다

Essay 조재원 149
건축가의 힘과 마음

Interview 04 아시자와 게이지 163
현장에서 직접 경험하세요, 이왕이면 사람들과 함께

Interview 05 루카 구아다니노 205
매 순간 만족하지 말고 한계를 넘어서세요

Interview 06 최문규 243
건축가도 사회의 일부입니다

Interview 07 위고 아스 287
손으로 배우는 즐거움을 기억하세요

Index 320

《건축가: 빛과 선으로 삶을 그리는 사람》을 펴내며

I 흥미롭게도 모든 인간은 본능적으로 무언가를 그림과 동시에 쌓아올리며 표현의 행위를 배우고는 합니다. 또 우리는 고대 건축물이나 중세 시대의 성당, 현대에 들어서 지어진 여러 상징적 건물 앞에서 때때로 경외감을 느끼기도 하죠. 이 경외감은 창작이라는 순수한 행위를 향한 것이기도 하며, 건축물을 실제로 구현한 기술 자체에 대한 것이기도 합니다. 또한 건축물이라는 삼차원의 세계를 인식하는 데서 오는 감정이라고도 볼 수 있습니다. 종합해보면 건축가는 예술가이면서 동시에 엔지니어이자 철학자인 사람입니다. '잡스' 시리즈는 에디터와 셰프에 이어 건축가를 다루면서 직업과 직업 사이의 경계를 넘나드는, 즉 생각의 경계에서 자신의 세계를 구현한 사람을 만나려 했습니다. 상업적 성공, 혹은 업계에서 인정할 만한 업적도 중요한 지표지만 그보다는 건축으로 어떤 이야기를 전하고 있는지를 더 면밀히 살폈습니다. 이탈리아 출신의 영화감독이면서 동시에 공간 디자인 회사를 운영하는 루카 구아다니노, 공간과 공간을 구성하는 여러 오브제를 디자인하는 존 포슨, 건축과 지역 재생 운동을 연결하는 아시자와 게이지 등은 '잡스'의 그런 의도를 잘 보여주는 사람들입니다. 《잡스-건축가》 발행에 맞춰 매거진 《B》의 조수용 발행인과도 건축의 의미와 그 외연 확장에 대한 이야기를 나누었습니다.

'잡스'는 직업을 주제로 한 시리즈다 보니 어떤 직업을 선택하고 보여줄 것인지만큼 선정한 직업을 어떻게 바라보고 정의할 것인지도 중요합니다. 《잡스-건축가》에서는 건축가의 어떤 면을 조명해야 한다고 생각하나요?

> 건축이라는 건 공학적으로 지어진 구조물이기 때문에 크게는 물리적이고 구조적인 관점, 그리고 이 세상에 없던 새로운 조형물을 창조해낸다는 측면에서 미적 관점으로 바라볼 수 있습니다. 또 자연 위에 창조한 인공물과 공존하는 인간의 이야기를 인문학적으로 풀어낼 수도 있습니다. 건축을 한마디로 정의하기는 쉽지 않죠.

'잡스'의 두 번째 직업으로 소개했던 셰프와 건축가를 비교해볼 수도 있을 텐데요. 제작 과정을 처음부터 끝까지 완벽하게 통제하는 셰프와 다르게 건축가는 건물을 짓고 난 이후의 과정까지 통제하기는 어렵습니다.

> 그렇습니다. 저는 건축물을 바라보는 거리에 대해 늘 생각하는 편인데, 저 멀리서 바라보는 건축물과, 소재가 손에 닿는 순간의 건축물을 구분해서 보려고 합니다. 건축물이 손에 닿는 순간, 즉 출입문을 통과하면서부터 건축물의 내부는 인테리어의 영역이 되고, 그곳을

꾸민 크고 작은 식물의 배치는 조경 디자인의 영역이 되죠. 창을 통해 들어오는 빛이 사라지는 일몰 이후에는 조명 디자이너가 건축물의 빛에 관여하기에 건축가가 건축의 디테일에까지 일관된 관점을 가지고 끌고 가는 건 쉬운 일이 아닙니다. 그럼에도 한 명의 건축가 혹은 건축 프로젝트의 콘셉트를 리드하는 크리에이티브 디렉터가 끝까지 관여할 때 더 좋은 결과가 나오는 것만은 확실해요.

그런 의미에서 예전에 르코르뷔지에[1]를 존경하는 건축가로 꼽은 적도 있어요. 그 이유가 뭔가요?

저는 르코르뷔지에를 건축과 인테리어, 가구의 경계를 넘나든 건축가라고 봅니다. 공간 그 자체뿐 아니라 공간에 머무르는 사람에 대한 생각을 누구보다 많이 했던 분이죠. 그가 물성과 빛을 다루고, 가구에 접근한 방식을 보면 덩어리로서의 건축이 아니라, 그가 공간과 그 공간 속에 있는 사람의 시간을 어떻게 상상했는지 짐작해볼 수 있어요. 르코르뷔지에가 만든 여러 원칙과 레퍼런스를 뛰어넘는 '무엇'은 여전히 나오지 않았다고 말할 수 있을 정도로, 그는 건축 장르에서 많은 것을 앞서

[1]   1887년생 프랑스계 스위스 건축가. 현대건축 이론의 선구자이자 현대 도시공학에 큰 영향을 준 인물.

| 제안한 사람입니다.

그런 경지에 다다르려면 건축가는 어떤 종류의 능력을 가져야
할까요?

> 일종의 시뮬레이션 능력을 가져야 하겠죠. 마치
> 영화감독이 카메라 앵글을 통해 상상하는 것과
> 비슷합니다. 상상 속 공간에서 1년이라는 시간 동안
> 펼쳐질 다양한 계절과 날씨, 또 아침부터 밤까지 온종일
> 변화하는 빛을 그려보는 건 논리적이면서도 아주
> 감성적인 능력이라고 생각합니다.

어떻게 보면 영화감독은 건축가와 함께 조물주의 시선과 입장이
되어볼 수 있는 유일한 직업이라는 생각이 들기도 하는데요.

> 건축가와 영화감독은 굉장히 닮아 있어요. 영화감독의
> 상상 안에는 2시간 남짓의 집중된 스토리가 있고, 보통
> 좋은 건축가는 수년에 걸쳐 사차원의 상상을 펼치는
> 데 뛰어나죠. 이차원에 불과한 면적에 시간을 더해
> 사차원으로 관점을 전환하면 그 안에서 숨쉬며 사는
> 사람이 보입니다. 면적을 기준으로 보면 낭비처럼
> 여겨지는 공간도 영화감독의 프레임처럼 입체적으로
> 바라보면 하나의 신(scene)으로 이해되고요. 좋은

건축의 '다름'이란 거기에서 나오는 게 아닐까 싶어요.

건축가가 발휘하는 상상력이란 어떤 종류의 것일까요?

내가 아닌 남이 되어보는 거 아닐까요? 대단한 식견이나 특별한 의도 없이 건축물 안을 돌아다니는 누군가가 되어보고, 그 사람의 시선으로 시간을 보내고 공간을 둘러볼 수 있는 능력이라 할 수 있겠죠.

상상력은 자주 접하는 개념이지만, 실제 건축의 영역에서 어떤 방식으로 적용되는지는 다른 이야기일 수도 있을 것 같습니다.

실재하는 삼차원 공간을 정확히 관찰하는 건 쉬운 일이 아닙니다. 어느 공간을 처음 둘러보고 그 공간을 도면으로 그리는 일은 훈련 없이 되지 않아요. 하지만 그 공간의 무엇이 좋은지 물어보면 아침 빛이 가느다랗게 새어 들어왔을 때의 분위기, 창문을 통해 나무의 생생한 초록이 보이는 장면, 문고리를 잡아 돌렸을 때의 촉감 같은 것들을 이야기할 수 있습니다. 건축가가 이렇게 자신의 전문 영역을 넘어서 공간 속 사람의 경험과 관련한 영역을 세심하게 상상하고 통제할수록 디테일은 무한하게 확장될 수 있다고 봅니다.

Ⅱ '짓다', '상상하다', '그리다', '창조하다', '쌓다'.
《잡스-건축가》의 제목을 지으면서 가장 많이 등장했던
단어들입니다. 물론 '잡스'가 만난 건축가들의 입에서도
이런 단어들이 반복해서 나왔지요. 하지만 여덟 명의
건축가에게 들은 가장 인상적인 말은 위의 단어들이 아닌
'듣다'였습니다. 대부분 건축이란 건축가가 건축주의
의뢰를 받아 진행하는 작업이고, 그 어떤 창작보다 많은
사람과 조건이 개입하기에 늘 상대방의 입장이 되어
생각할 수 있어야 합니다. 그러므로 경청은 건축가에게 꽤
중요한 자질이며, 더 나아가서 많은 직업인에게 공통되게
요구되는 능력입니다. 자기표현이 미덕으로 여겨지는
시대에 '잘 듣기'란 다소 생소한 개념일 수 있으나, 여기서
잘 듣는다는 것은 수동적 태도와는 다른 말입니다. 오히려
잘 말하고 잘 실행하기 위한 사전 단계에 가깝죠. 특히
건축은 실수나 오류가 허용되지 않는 분야이므로 모든
상황을 세심하게 파악해야 합니다. 한번 지어지고 나면
되돌릴 방법이 없으니까요. 그런 일의 특성 때문인지
인터뷰이로서 건축가의 말은 단어 하나, 문장 하나를 계속
곱씹게 만드는 힘이 있습니다. 처음 읽었을 때와 두 번
읽었을 때, 세 번 읽었을 때 각기 다르게 해석되는 말은
건축물이라는 입체를 만드는 사람 특유의 것이겠지요.
'잡스'의 독자들도 이 책을 통해 건축가의 생각을 길어올릴
수 있기를 바랍니다.

건축가의 일은 창의적인 만큼 제약이 많습니다. 경제 상황과 여러 법규, 사회적 환경에 영향을 받기 때문에 처음부터 끝까지 이런 제약과 싸워야 하는데요.

건축에서 제약이란 역설적이지만 매력적인 것 같아요. 일례로 〈냉장고를 부탁해〉라는 예능 프로그램을 보면 전문 셰프들이 재료와 시간의 제약 아래에서 음식을 만들잖아요. 만약 원하는 재료로 충분한 시간 동안 만들 수 있다면 시청자가 어떤 흥미도 느낄 수 없겠죠. 건물을 짓는 것도 마찬가지입니다. 면적과 높이, 재료와 예산이 무제한으로 주어진다면 어떤 생각도 떠오르지 않고 멍해질 거예요. 결국 건축이란 제약이 있기 때문에 존재 의미가 생기는 일인 셈이죠. 면적과 높이는 물론이고 주변 건물, 그리고 도로와의 관계 같은 제약을 기가 막히게 잘 이용해서 만든 결과물에서는 건축의 미학을 발견할 수 있습니다.

어떻게 해야 제약을 잘 다룰 수 있을까요?

무슨 일이든 제약이 따라야 고유의 매력을 갖게 된다는 걸 이해하는 게 중요합니다. 긍정적 태도로 제약을 대해야 하죠. 저 역시 지금까지 일하면서 그런 제약을 통해 좋은 결과를 만들어왔습니다. 전 세계에 지역적, 환경적 제약을 긍정적으로 활용한 건축물의 사례는 무수히 많고, 그런 건물을 볼 때마다 늘 무릎을 치곤 합니다.

건축주 입장에서 잘 만들어진 건축물이란 어떤 걸까요?

저는 건축주가 손님을 맞을 때 해당 건축물을 어떻게 설명할 것인지 많이 생각해요. 작업한 사람이 아닌, 그 건축물을 실제로 사용하고 그곳에 머물 사람의 언어로요. 어떻게 보면 건축이란 건축물을 사용하는 사람의 가치관이 투영되는 것입니다. 그래서 건축 작업의 초반에는 의뢰인에게 해당 공간을 기획하게 된 배경을 스토리텔링으로 전달하고 의뢰인이 그 스토리에 진심으로 공감하는지 면밀히 관찰합니다. 교감과 이해의 과정을 충분히 거치고 나서 물리적 콘셉트를 잡는 거죠. 건축에서 스토리텔링이란 유능한 이야기꾼이 만든 내용을 멋지게 활자화하는 작업이 아닙니다. 건물을 사용할 주체가 건축 취지에 진심으로 공감해야만 이야기가 어색하지 않게 풀려나가죠.

그런 측면에서 누구든 자기 집을 지어보는 경험이 꽤 중요할 거라는 생각이 듭니다.

저 또한 강력하게 추천합니다. 자신의 집을 지어보면

나 자신을 알게 되거든요. 애쓰지 않아도 자기 가치관이
묻어나오게 됩니다. 크게는 제한된 면적을 어떤 공간으로
분배할지 결정하는 일부터 작게는 샤워기의 작동 방식을
어떤 스타일로 할 것인지에까지요. 우리 대부분은 주로
아파트에 거주하기 때문에 이런 고민을 할 기회가 거의
없어요. 또 집을 직접 지어보면 자기의 삶을 아주 길게
보게 됩니다. 준비 없이 살다가 문득 장편 영화처럼
인생을 그려볼 시간이 주어지는 거죠. 재미있는 건,
도저히 구체적으로 정할 수 없을 때도 결정을 보류하는
지점이 공간에 그대로 반영된다는 거예요. 그 또한 자기를
인지하는 과정이라고 할 수 있습니다.

John
Pawson

존 포슨

London

01

존 포슨은 영국의 미니멀리스트 건축가다. 개인 주택부터 종교
놓인 다리, 블랭킷에 이르기까지 광범위한 규모와 유형을 아우르
그는 건축은 다른 대부분의 오브제와 달리 오래 남아 지속적인 영
세계에 남기는 영향도 고려해야 한다고 말한다.

룰, 갤러리, 박물관, 호텔, 발레 공연 무대, 요트 인테리어, 호수에
의 작업은 30년 넘도록 엄격할 정도의 심플함을 추구해왔다.
미치기 때문에, 건축가는 건물을 짓는 것뿐 아니라 그 과정이

완벽을 좋아하지만, 그리 완벽하진 않습니다

런던 킹스크로스 존 포슨 사무실,
2020년 1월 23일 오후 2시

원하는 거의 모든 걸 시도해보다

입구를 제외하곤 사무실에 창문이 하나도 없는 것이 독특합니다. 창업자이니 별도의 사무실이 있을 것이란 예상을 뒤엎고 다른 직원들과 커다란 책상을 공유하는 점도 인상적이고요.

잘 보이진 않지만 작은 창문이 하나 있어 낮이면 지하에 위치한 메인 사무실로 빛이 들어옵니다. 본래의 공간에 손댄 것은 없고 그저 벽을 하얗게 칠했을 뿐이에요. 이 곳은 제 아내인 캐서린 포슨(Catherine Pawson)이 25년 전에 골랐는데 당시엔 이곳이 런던에서 가장 저렴한 지역이었기 때문이죠. (웃음) 지금의 킹스크로스[1]에는 구글이나 유튜브의 사무실이 들어서

---

1 런던의 북쪽에 위치한 철도 요충지.

있지만 제가 처음 입주했을 땐 마치 개척자가 된
느낌이었습니다.

사무실 벽에 붙어 있는 당신의 인스타그램 포스팅이 눈에
띄더군요.

사실 캐서린이 아들에게 부탁해 저의 계정을 연 다음
첫 포스팅을 했습니다. 처음엔 내키지 않았지만 어쩌다
보니 하루에 한 개씩 사진을 올리게 되었죠. 현재는
일주일에 평균 다섯 개 정도를 업로드합니다. 하다 보니
욕심이 생겨서 더 잘하고 싶은 마음이 들어요. 하지만
'좋아요'를 많이 받기 위해 하는 것이 아니란 점을
강조합니다. (웃음) **사람들이 원하는 것에 신경 쓰다
보면 주위가 흐려지거든요.** 한 번은 어느 시상식에서
옆자리에 앉은 스물셋 소녀와 서로 인스타그램을
하느냐는 이야기를 나눈 적이 있는데, 당시엔 몰랐지만
알고 보니 5천만 명의 팔로워를 보유한 배우 젠데이아
(Zendaya)[2]였습니다. (웃음) 직업상 항상 사진을
찍지만 스스로가
사진가라는 생각은 해본
적이 없어요. 하지만
정기적으로 인스타그램에
사진을 올리고 있으니

2   1996년생 오클랜드
출신의 미국 배우. 〈스파이더맨:
홈커밍〉의 여주인공으로 알려졌다.
배우뿐 아니라 가수로도 활동하는
등 다양한 장르에서 재능을 보이는
엔터테이너.

사진가라고 인정할 때가 아닌가 싶기도 하고요. 파이돈[3] 출판사와 사진집을 내기도 했는데 구입하길 원하는 사람이 있다는 것이 신기할 따름입니다. 어떤 수집가는 사진집 «스펙트럼(Spectrum)» 출간에 맞춰 180 더 스트랜드(180 The Strand)[4]에 전시되었던 320개 작품 모두를 한 세트로 구입하기도 했어요.

저작도 꾸준히 하고 있는데, 주로 어디에서 영감을 받나요?

루이스 바라간(Luis Barragan)[5]이나 도널드 저드(Donald Judd)[6] 등 다른 건축가나 아티스트에 관한 이야기를 쓴 것을 제외하면 대부분 공간에 대한 이해를 돕기 위한 단순한 형식의 저서들입니다. 사실 글을 쓰는 것보다 글쓰기를 위한 리서치 과정을 더 좋아합니다. 글쓰기를

3   1923년 오스트리아에서 창립된 출판사로 미술, 건축, 디자인, 패션, 사진, 문화 관련 도서를 주로 출간한다.

4   영국 런던에 위치한 브루탈리즘 건물이다. 2016년에 들어선 이 건물에는 런던의 문화센터인 스토어엑스(Store X)가 자리를 잡았으며, 데이즈드 미디어 그룹 등 여러 크리에이티브 기업이 들어와 있다.

5   1902년 멕시코 출생의 건축가이자 엔지니어. 현대건축의 시각적, 개념적 측면에 영향을 끼쳤다. 카사 지라르디(Casa Gilardi) 같은 대표작에서 현대주의 사조의 전형인 깔끔한 선 표현을 찾아볼 수 있다.

6   1928년생 미국의 예술가. 미술 비평가이자 미술가로 활동했으며 20세기 미니멀리즘의 선구자로 평가받는다.

통해 주제에 접근하는 방식 또한 흥미롭고요. 아주 적은
양의 글을 쓴다고 해도 굉장히 많은 양을 읽어야 하죠.
3000자를 쓰려면 5만 자 이상은 읽어야 할 겁니다. 주제
안에서 길을 잃는 경우도 왕왕 발생하지만 그것 역시
하나의 경험이죠.

블랭킷과 요트 인테리어 디자인, 오일 랜턴 등 건축 외적으로도
다양한 작업을 해오고 있습니다. 이처럼 작업 영역을 확장하는
이유가 무엇인가요?

항상 뭔가 다른 것들을 하고 싶은 마음을 가지고
삽니다. 그 이유는 '건축물' 내부에 어떤 것들이
자리하는지, 그 속에서 사람들이 어떻게 움직이고
행동하며 살아가는지가 중요하고 또 흥미롭게 다가오기
때문입니다. 기회가 주어진다면 가구와 인테리어
등을 직접 디자인하고자 하죠. 컵이나 쟁반 등 단순한
오브제를 만드는 일도 오랜 시간이 소요되는 고된
작업이에요. 디자인해야 할 건축물의 수가 줄어들어서 더
많은 오브제를 디자인할 수 있으면 좋겠습니다. (웃음)
물론 건축물 자체도 하나의 오브제입니다. 풍경 속에
자리하는 오브제죠.

가장 최근에 진행한 작업은 무엇인가요? 당신의 집과 관련된

일이라고 들었는데요.

저희 집과 관련한 프로젝트는 저에게 특별한 의미를 가질
수 밖에 없습니다. 다른 작업보다 더 진지하고 '사로잡힌'
상태에서 진행하게 되죠. 시간이 오래 걸려서 캐서린이
스트레스를 받긴 했습니다만 저에겐 문고리 같은 작은
디테일 하나하나를 전부 디자인할 수 있는 기회였습니다.
디자인과 프로토타입, 실제 생산을 거치느라 시간이
길게 소요되었지만 딱히 서두르지 않았어요. 저희
결혼이 성공적이었던 이유는 저와 제 아내가 무척
달랐기 때문입니다. 캐서린은 멋진 것을 좋아하지만
완벽주의자는 아니에요. 그 덕분에 저는 이번 개보수
작업에서 양보하지 않고 완벽함을 추구할 수 있었습니다.

스스로 완벽주의자라고 생각하나요?

저는 완벽을 좋아합니다. 하지만 그리 완벽하지는
않습니다. (웃음)

완벽주의를 고수하려면 스트레스가 많을 텐데요. 자신만의
대처법이 있는지도 궁금합니다.

스스로 할 수 있는 범위 내에서 완벽의 범위를 한정하는

법을 배우게 되었습니다. 오로지 신(god)과 원(circle)만 완벽할 뿐이죠. 저처럼 세 자녀와 한 명의 손자가 있는 집에서 모든 것을 컨트롤하는 일은 불가능에 가깝습니다. 물론 사람보다는 창작물을 컨트롤하려 하지만요. 이번 집의 개보수 작업에서도 서로가 행복한 것이 아름다운 집을 가지는 것보다 중요하다고 캐서린에게 강조했습니다. 운 좋게 두 가지를 다 갖게 되었지만요.

70세가 넘은 현재도 왕성히 일하고 있는데요. 여전히 건축가라는 직업에 만족하나요? 다른 직업을 가질 기회가 있다면 어떤 일을 해보고 싶은가요?

살아오면서 제가 가진 선택지는 모두 경험해봤다고 생각합니다. 건축 이외에도 가끔씩 글을 쓰고 있고 사진과 디자인도 병행하고 있으니까요. 오래전에는 일본 나고야에서 영어를 가르치기도 했고, 아버지가 운영하던 패션 비즈니스에 도전하기도 했습니다. 제가 원하는 것 중에 시도해보지 않은 게 있는지 모르겠어요. 나이 탓에 멈추긴 했지만 최근까지 꽤 진지한 사이클리스트이기도 했습니다. 어떤 사람들은 은퇴해서 포도밭을 가꾸거나 프랑스의 시골집에서 사는 것을 바라기도 합니다. 저는 그런 것에는 별로 관심이 없어요. 최근 캐서린과 함께 요리책을 만들고 있어요. 20년 전에도 한 권 낸 적이 있는데, 간단하고 심플한 가정식이 테마입니다. 레시피뿐 아니라 시각적으로도 단순한 요리들을 다루죠.

물론 나이를 먹으면서 예전 같은 에너지가 없다는 것을 느낍니다. 시도는 하지만 예전처럼 많은 것을 해내기는 어렵죠. 그렇기 때문에 제게 믿을 수 있는 팀이 있다는 건 큰 행운입니다. 종종 예전에 혼자 스튜디오에서 일할 때를 떠올려보곤 하는데요, 외출 후 사무실에 돌아와 자동응답기를 켜도 아무 메시지가 없어 외로움을 느낄 때가 많았습니다. 지금은 이곳에 가만히 앉아서 생각만 하고 있어도 일이 계속 진척됩니다. (웃음)

30대에 건축가의 길로 들어서다

2019년, 파이돈 출판사와 함께 «미니멈의 해부학(Anatomy of Minimum)»이란 책을 냈습니다. 건축가로서 또는 작가로서 스스로 '미니멈'을 어떻게 정의하고 있나요?

사람들은 미니멀리즘을 종종 오해하곤 합니다. 어떤 사람들은 그것을 박탈(deprivation)이나 잘게 조각내는 (hashed-up) 심리, 혹은 아무것도 없이 무언가를 만들려는 행위처럼 일종의 허무주의(Nihilism) 비슷하게 바라봅니다. 저에겐 다른 의미입니다. '결과를 손상시키지 않으면서 더 이상 더하거나 뺄 수 없는 상태'라고 생각합니다. 일종의 균형이랄까요. 잉여(excess)는 주의를 산만하게 하고 발목을 잡을

| 뿐입니다.

그렇다면 스스로 생각하는 좋은 공간이란 무엇인가요?

그 안에 있는 사람을 기분 좋게 해주는 공간입니다.
그곳에 들어설 때 뭔가를 느끼게 되죠. 저는 사람들이
제가 디자인한 공간에 처음 발을 들일 때를 유심히
관찰하는 것을 즐깁니다. 그들이 경외나 편안함을
느끼는 것을 보면 저까지 기분이 좋아져요. 그런 반응이
나오지 않는다면 전 실패한 겁니다. 지금까진 다행히
실패한 적이 없지만요.

공간을 만드는 사람의 입장에서 사람들이 공간을 다루는 태도는
어때야 한다고 생각하나요.

누군가를 전향시키거나 훈계할 생각은 없지만, 당신이
공간에 어떤 것을 놓느냐가 그 공간 자체를 바꾼다고
말하고 싶습니다. 즉 '무엇'을 '어디'에 배치하느냐가
무척 중요합니다. 공간을 존중하지 않으면 공간을
부정하는 것이나 다름없습니다. 물론 편안하고
스트레스를 받지 않는 공간을 만드는 건 중요하지만,
그 공간이 쉽게 변질될 수 있다는 점을 염두에 두어야
합니다. 도널드 저드는 공간에 가구를 배치하는 데만

몇 년을 들였어요.

공간을 통해 치유받거나, 혹은 공간 때문에 고뇌한 경험이 있는지 궁금합니다.

치유라고까지 할 수는 없지만 12세기에 지어진 남부 프랑스의 수도원 레 토로네(Le Thoronet)에 들어서며 빛이 만들어내는 마법 같은 순간을 경험하곤 했습니다. 모든 것에서 해방되는 초월적인 순간이죠. 10년 전쯤 제가 디자인한 체코의 노비 드부르 수도원(Nový Dvůr Industry)[7]에서 일주일을 보낸 적이 있는데, 짧은 시간이었지만 일과 사람에게서 떨어져 묵언의 시간을 보내며 커다란 안식을 느꼈습니다. 잊지 못할 경험이었죠. 매년 다시 가보고 싶은 마음이지만 시간이 따라주지 않는군요.

당신이 가장 좋아하는 공간은 어디인가요?

미스 반데어로에(Mies van der Rohe)[8]가 설계한 판즈워스 하우스

7　　　　트라피스트회 (가톨릭교회의 수도회 중 하나)의 유일한 수도원으로 체코 공화국에 있다. 황폐화된 바로크 영주의 집을 부분적으로 재건축한 곳으로 존 포슨이 많은 부분을 설계했다.

8　　　　1886년생 독일의 모더니즘 건축가. 르코르뷔지에와 더불어 현대건축의 거장 중 한 명. 모더니즘을 배척했던 나치즘을 피해 미국으로 이주한 그는 명확성과 단순함으로 대표되는 그만의 건축양식을 구축했다.

(Farnsworth House)[9]입니다. 미국 시카고 외곽 강변에 위치한, 굉장히 아름답고 현대적인 건축이죠. 사진으로만 보면 비율을 이해하기 어려운데, 아주 작지만 굉장히 시원시원한 비율을 사용하고 있어요. 존재하는 모든 것이 파빌리온과 주위의 풍경을 격상시키며 실제보다 훨씬 광대한 느낌을 줍니다. 한 친구 덕분에 직접 방문할 수 있었는데 아름다운 기억으로 남아 있습니다. 물론 레고 제품으로도 존재하지만 그것이 판즈워스 하우스를 표현하는 최고의 매개체는 아닌 것 같습니다. (웃음)

당신의 공간 미학은 동양과 서양, 과거와 현재를 초월하며 고요와 절제의 아름다움을 추구하는 걸로 보입니다. 지금의 미학을 갖추는 데 결정적 영향을 끼친 계기가 있나요?

저는 영국 웨스트 요크셔(West Yorkshire)의 핼리팩스 (Halifax) 지역에서 자랐습니다. 이곳은 19세기부터 산업도시였던 곳으로 모든 건물은 요크셔 스톤으로 만들어졌어요. 바닥, 벽, 천장 모든 것이요. 무척 심플한 디자인의 건축물과 어우러진 전경에는 나무가 별로 없어서 단순함이 극대화되었습니다. 12세기에 지어진 시토회(Cistercian) 수도원이 몇 군데 있었고요. 동상, 장식품,

9   미스 반데어로에가 설계한 집. 미국 일리노이 주에 위치한 현대적 미감의 이 주택은 1951년에 완공되었다.

음악 등의 요소가 넘쳐나는 영국 성공회에 부담을
느끼고 그곳을 빠져나온 사람들이 지은 수도원이었죠.
그들이 추구했던 겸양과 단순함이 건물에 그대로 녹아
있습니다. 시토 수도회를 따르던 어머니는 제가 정숙한
선교사가 되길 바라셨습니다. 그렇게 되지는 못했지만요.
(웃음) 아마 이런 배경에서 시작되지 않았을까 합니다.
사실 건축가가 되기 이전부터 사물에서 자유로워지고
싶은 마음이 자리하고 있었습니다. 여행은 그것을
구현하는 데 적절한 매개체였고요. 여행을 하면 많은
것을 지니고 다닐 수가 없죠. 건축은 한참 후에나 저에게
찾아왔습니다. 그런 면에서 일본에서의 경험은 두 번째
영향이라고 할 수 있어요.

앞서 일본 나고야에서 영어를 가르친 적이 있다고 말했어요. 여러
도시 중 나고야로 간 이유가 있나요?

일본에 있는 유일한 친구가 그곳에 살았기 때문에 도쿄가
아닌 나고야[10]로 향했습니다. 나고야는 교토에서 도쿄로
이동하다 보면 지나게
되는 곳인데 무척
산업화된 도시입니다.
자동차와 조선 산업이
발달했죠. 그럼에도

10   일본 중부 지방의 행정,
산업, 문화, 교통 중심지. 제2차 세계대전
때 이곳에서 항공기 제작을 하면서
방위산업이 발달했고 그 전후로 철강,
화학공업 등이 번성했다. 연간 2300만
명의 관광객이 방문하는 관광도시.

무척 보수적이고요. 영국으로 치면 버밍엄[11] 같은
곳이랄까요. 결과적으로 제겐 무척 좋은 곳이었습니다.
저 같은 외국인이 거의 없어서 일본 문화를 제대로
느낄 수 있었거든요. 건축가가 되기 전 그곳의
대학에서 영어를 가르쳤는데, 금요일에는 수업이
없었기 때문에 주말은 스스로를 위한 공부를 하는 데
시간을 투자했습니다. 일본 전통 양식의 건물을 보기
위해 여행을 다니기도 했고요. 많은 것을 읽고, 보고,
경험했습니다. 3년 후 도쿄로 이주하고 나서 삶은
편해졌지만 나고야에는 분명 흥미로운 점들이 있었어요.

일본의 디자이너 구라마타 시로[12]를 만나기 위해 도쿄의
스튜디오로 찾아가기도 했습니다. 그와의 만남이 당신의 이후
진로에 어떤 영향을 미쳤나요?

돌이켜보면 저는 그에게 모든 것을 빚졌습니다. 스물네
살 때 무턱대고 사무실을
찾아간 저에게 그는 무척
친절했고, 제게 커피를
권했던 기억이 납니다.
그의 사무실을 찾아간
덕분에 구라마타가
주최하는 개관식이나

11   잉글랜드 중부에 위치한
공업 도시로 사회, 문화, 경제, 상업의
중심지다. 영국에서 두 번째로 크다.

12   Shiro Kuramata.
1934년 일본 도쿄 출신의 디자이너.
상업공간을 비롯한 가구와 조명,
제품 디자인에 이르기까지 폭넓은
분야에서 활동했다.

파티에도 참석하게 되었고요. 런던으로 돌아가 AA
건축 학교[13]에서 수학하라고 조언한 것도 그였으니까요.
일본에서의 생활을 정리할 당시 저는 삼십 대의 문턱에
있었습니다. 스스로도 학교에 가거나 무언가를 다시
배우기에는 너무 늦었다고 생각하고 있었는데 그가
용기를 북돋아주었어요. 늘 그의 주변을 맴도는 제가
귀찮아져서였을지도 모르지만요. (웃음)

무엇이 당신을 건축가로 만들었나요?

공간을 컨트롤하는 일에 흥미가 있었습니다. 어떤 것들이
공간을 특별하게 만드는지에 대해서요. 미스 반데어로에의
책을 읽곤 했어요. 건축을 둘러싼 수학적 요소에 대해선
잘 몰랐지만, 그 자체는 건축학의 일부에 그치지 않는다는
것을 깨달았습니다. 물론 건축가에게 필요한 요소인 것은
맞지만 제가 그것들을 통해 건축가가 된 것은 아닙니다.

건축은 수학과 과학이 결부된 예술의 한 형태로 흔히
받아들여지는데, 그것들에 큰 의미를 부여하지 않고 건축가가
되었다는 것이 흥미롭네요.

건축이 건물을 짓는
과학적이고 실용적인

> 13   1847년에 설립된 영국
> 건축협회 건축 학교. 런던에 위치한
> 사립 건축 학교로 다양한 교육
> 프로그램을 통해 현대 건축계에서 큰
> 영향력을 가지고 있다.

학문인 것은 분명합니다. 건물이 스스로를 지탱해야 하고 제대로 기능해야 한다는 점에서요. 그런 점에서 실용적인 기능을 필요로 하지 않는 순수예술과 차별화될 수 있을 겁니다. 순수예술은 오리지널리티를 통해 사람들에게 영향을 줄 수 있다면 굳이 기계적인 측면에서 작동하지 않아도 유효하니까요. 물론 많은 건축가들이 아티스트가 되고 싶어 하는 것도 맞습니다. 아마 그들 스스로 그렇게 여기고 있을지도 모르죠. 하지만 저는 이 부분을 항상 조심스럽게 생각합니다. 좋은 건축가와 아티스트는 다른 것이라고 생각하기 때문입니다.

해나 필리스(Hannah Fillis), '존 포슨의
책상(My Desk, With John Pawson)'
(Matches Fashion, 2019.11)

Q. 가족 사업과 영어
교사로서의 삶 이후 선택한
건축가란 직업이 당신의
작품에 긍정적인 영향을
미쳤다고 생각하나요?

A. 늘 말해왔지만, 무언가를
짓는다는 것은 책임감 있는
일이에요. 건축물은 평생
우리 곁을 지키는 존재니까요.
그러니 한 번 더 생각하고
조심히 작업해야 합니다.
건축가들은 끝날 때까지
아직은 완벽한 건물을 짓지
않았다고 여기고, 신중하게
진행하는 것이 좋다고
생각해요. 저는 그들보다 조금
더 느리게 가는 편이고요.

한계는 외부가 아닌, 내적 요인에서 온다

당신은 전통적이지 않은 방법으로 빛을 다룹니다. 그동안의
작업을 대상으로 한 논문에서는 빛이 천장 등 일반적으로 조명이
있는 위치가 아니라 동선을 유도하는 형태 등으로 사용된다는
점을 언급했는데요.

> 일반적으로 볼 수 있는 전등갓이나 피팅[14] 등이 전기
> 조명을 아름답게 보이기 하기 위한 장치라는 점이
> 항상 이상하게 느껴졌습니다. 자연광이 존재하는 낮에
> 이런 요소들은 더욱 눈에 띌 수밖에 없어, 그것들이
> 시각적으로 드러나는 것을
> 피하기 시작했습니다.
> 밤에도 피팅을 노출하지

14   두 개 이상의 부품을
연결하는 이음쇠. 여기서는 전구를
잡아주는 부위를 말한다.

않으면서 빛을 사용하는 쪽을 추구해왔죠.

본질을 꿰뚫는 건 어느 직업에서나 중요합니다. 어떤 점이 좋은 건축가를 만든다고 생각하나요?

막 건축 세계에 입문했을 때 저는 남의 말을 전혀 듣지 않는 편이었어요. 절대 굽히지 않는 사람이라는 것이 저에 대한 세평이었죠. 누구도 완벽하지 않은 만큼 타협하지 않고는 건물을 지을 수 없습니다만, 원하는 것을 위해서 타협을 최소화하는 성격이었습니다. 하지만 지금은 개인적으로 건축가든 아티스트든 아량이 넓은(generous) 것이 중요하다고 생각합니다. 사람뿐만 아니라 자기 자신에게도요. 잔인한 표현일지 모르겠습니다만, 주위를 둘러보면 대단한 건축가일지라도 굉장히 못된 경우가 왕왕 있습니다. (웃음) 저 자신도 완벽하지 않지만 관대하려고 노력합니다. 타인의 이야기를 듣는 것이 꽤 중요한 덕목이라고 생각합니다.

그러기 위해서 신경 쓰고 배워야 하는 것은 무엇일까요?

사람들의 이야기를 들으면서도 동시에 자신감을 잃지 않고 스스로를 믿는 게 중요합니다. 그 둘 사이에서 중심을 잡는 것이 어렵죠. 누군가 저에게 성공하려면 세

가지를 갖춰야 한다는 말을 했습니다. 재능(talent),
일을 끝마칠 수 있는 끈기(perseverance), 그리고
적절하지 않은 단어 선택일 수 있겠지만 매력(charm)이
그것입니다. 여기서 매력이란 당신이 원하는 것을
위해 사람을 설득하는 능력에 가깝습니다. 아무리
능력이 뛰어나고 대단한 사람이더라도 사람들을
설득하지 못하면 무용지물이라고 봐야겠죠. 일을 쉽게
만들고 바퀴가 굴러가도록 만드는 무언가가 필요하죠.
아티스트였던 아그네스 마틴(Agnes Martin)[15]은
반려동물 같이 소위 '불필요한' 친구를 원하지 않았다고
합니다. 신문도 읽지 않았고, 주위가 산만하다는 이유로
뉴욕을 떠나 미국 남서부로 이주했습니다. 싱글에
자식도 없었고요. 이 모든 게 예술에 매진할 시간을
빼앗는다는 이유에서였죠. 그런데 위대해지기 위해서
꼭 그래야 할지는 의문입니다. 물론 자신이 원하는
것에만 몰두해서 성공할 수는 있겠지만, 남편이나
아내가 있으면서도 훌륭한 직업인이 될 수 있다고
생각합니다. 타인에 대한
사랑이나 관심이 꼭 마음을
산란하게 만드는 것만은
아닐 테니까요. 제게는
항상 '사람'이 가장 중요한
가치입니다.

15   1912년 캐나다 출생의
미국 추상주의 화가. 대중과
예술계에서 미니멀리스트로
간주되었지만 자신은 스스로를
추상표현주의자로 여겼다. 미국에서
학위를 얻은 이후 뉴멕시코로
넘어가서 그린 추상화가 뉴욕
미술계를 사로잡았다.

존 포슨 인터뷰(INTERVIEW: John
Pawson on Calvin Klein, The Design
Museum and one piece of advice
he'd give to his younger self)
(«Phaidon», 2019.10)

Q. 여전히 스스로 배우는 과정에
있나요?

A. 물론이죠. 만약 당신이 배움을
멈춘다면, 망할 겁니다. 정말로요.
저는 운이 좋게도 매우 다양한
종류의 일을 의뢰받았어요. 그
작업이 핸드백 가게든, 발레 공연
무대든, 수도원이든, 저는 다양성과
규모의 크고 작음을 좋아합니다.
이 모든 게 건축이기 때문이죠.

건축가의 사회적 역할도 간과할 수 없습니다.

건물은 사람들에게 지속적인 영향을 미칩니다. 건물들로
형성되는 마을 역시 사람들의 행동 양식을 만들고요.
삶의 질은 그것이 이루어지는 구조물이 얼마나 좋은지에
분명 영향을 받습니다. 많은 건축가가 이런 사회적
측면에 큰 흥미를 느끼고 있을 거라 생각하고요. 건물을
짓는 것뿐 아니라 그 과정이 우리 세계에 남기는 영향도
고려해야 할 것입니다. 콘크리트 제조 시에는 막대한
이산화탄소를 배출합니다. 제가 살고 있는 동안 전 세계
인구는 20억 명에서 75억 명으로 뛰었습니다. 변화한
시류와 현실에 맞추지 않으면 분명 부정적 영향을 주는
일들이 일어나겠죠. 이제는 건축가들도 긍정적 변화에
기여해야 합니다.

건축가로서 가져야 할 책임감은 무엇일까요?

건축물은 다른 대부분의 오브제와 다르게 아주 긴 시간
동안 남아 존재한다는 것이 가장 큰 책임이 아닐까
합니다. 부수려는 목적으로 건물을 짓지는 않으니까요.
전통적으로 나무가 아닌 돌로 건물을 지어왔던 서양의
경우는 특히 그렇습니다. 어떤 건축물이든 풍경이나
마을을 바라보는 관점이 시각적으로 드러날 수밖에

없고, 그 점을 모든 건축가가 간과해서는 안 됩니다. 인터넷 등 기술의 발달로 건축이 제공하는 서비스와 그 양상은 많이 달라졌지만, 집을 짓는 근본적 방법은 2000년 전이나 지금이나 큰 차이가 없습니다. 세상에 영속적인 구조물을 남긴다는 사실을 잊지 말고 건축에 임해야 합니다. 실은 계속해서 새로운 것을 짓는 일이 무슨 의미가 있을까도 생각합니다. 아무리 친환경적 재료를 사용하더라도 궁극적으로 더 많은 것을 사용하고 변환해서 건물을 짓는 행위에는 변함이 없으니까요. 지속 가능함은 최근의 가장 큰 화두입니다. 제 아들은 비행기에서 비롯되는 환경오염을 의식해 기차로 유럽 도시를 오갑니다. 급격히 변화하는 세상 속에서 우리가 무언가를 해야 한다는 공동의 생각이 모이고 있는 것이겠죠.

건축가로 일하면서 구현하고자 하는 직업적 이상이 있나요? 있다면 그 이상은 무엇인지 궁금합니다.

이상이라고 할 수 있을지 모르겠지만, 제가 창조한 공간을 찾는 사람들이 편안함을 느끼는 게 저에게 가장 중요한 점입니다. 그 지점에 대해 저 자신에게 항상 질문합니다. 공간이 사람들의 삶에 미치는 영향은 지대하거든요. 필요한 요소를 잘 만족시킨다면 굳이 거대할 필요도 없으며, 요란하지 않은 친환경적 자재로도 구현이 가능하죠.

일하면서 한계를 느낀 적이 있나요?

모두가 그렇듯 스스로의 에너지나 동기에 한계를 체감한 적이 있습니다. 스튜디오를 지금의 궤도에 올려놓으면서 좋은 날도 있었고 어려움도 많았지만 계속해서 묵묵히 나아가다 보면 반드시 무언가가 기다리고 있다는 것을 알았습니다. 주된 한계는 외부가 아닌 내적인 요인 때문에 생겨나는 것 같아요.

존 포슨은 1949년 영국 웨스트 요크셔 지역의 핼리팩스에서 태어났다. 이튼(Eton)에서 교육을 받고, 가족이 운영하는 요크셔의 섬유 공장에서 일했다.

—

그는 1973년, 20대 중반의 나이에 일본으로 떠나 나고야에서 영어를 가르쳤고, 일본 디자이너 구라마타 시로를 만나기 위해 도쿄로 이동했다. 그 후 AA 건축 학교를 다니기 위해 영국으로 돌아왔고, 1981년 자신의 이름을 딴 건축 회사를 설립했다.

—

존 포슨은 공간, 빛, 비율 그리고 재료의 근본 문제에 접근하는 데 초점을 두며 엄격할 정도로 심플한 디자인을 추구한다. 1990년대 중반 캘빈 클라인의 미니멀한 뉴욕 플래그십 스토어를 디자인하며 주목받기 시작했으며 이후 런던의 디자인 박물관, 독일 운테리츠하임의 목조 예배당, 체코 보헤미아 지역의 노비 드부르 수도원 등을 설계했다. 2018년부터 2019년에는 덴마크 브랜드 테클라 패브릭(Tekla Fabric)의 블랭킷 디자인에 참여하기도 했다.

—

주요 저서로 «미니멈(Minimum)», «진실의 건축(Architecture of Truth)», «스펙트럼(Spectrum)», «존 포슨: 미니멈의 해부학 (John Pawson: Anatomy of Minimum)» 등이 있으며, 2019년 건축과 디자인에 관한 공로를 인정받아 영국 연방이 주는 훈장 (CBE)을 받았다.

—

instagram @johnpawson

존 포슨
John Pawson

"

성장하면서 바라본 요크셔의 풍경에서 시작된 것이 학창
시절 미스 반 데어로에의 책을 읽으며 형상을 갖춘 것
같습니다. 이탈리아의 건축 잡지 《도무스(domus)》에서
건축가 구라마타 시로의 작업을 보고 커다란 영향을
받았고요. 제 머릿속에 있던 이미지를 이미 누군가가
실제로 구현하고 있다는 점에 무척 놀랐습니다. 단순히
디자인적 관점이 아니라 늘 떠올렸던 이미지를 실제로
본 건 처음이었고 놀라운 경험이었습니다. 그래서
일본에 가서 그를 직접 만났죠. 그 뒤 영국으로 돌아와
여행 작가였던 브루스 채트윈(Bruce Chatwin)을 알게
되었습니다. 무척 간결하면서도 아름다운 글을 쓰는
사람이었는데, 제가 하는 모든 것을 이해해줬습니다.
제 작업에 관한 짧은 에세이를 쓰기도 했는데
제가 하고 싶던 모든 말들을 글로 녹여냈어요.

"

**Nameless
Architecture**

Seoul

네임리스
건축

나은중과 유소래가 2010년에 세운 네임리스 건축은 아이디어
이들은 제한된 경계나 유형을 벗어나 단순함을 통해 불확실한 상
세상에서 직업인으로서 지속 가능하려면 자신의 근본을 단단히

의 설계사무소다. 열린 해석이 가능한 '네임리스'라는 이름처럼,
서도 새로운 방향을 제안한다. 나은중과 유소래는 예측 불허한
것이 중요하다고 말한다.

복잡성을 줄이세요

서울 중랑구 상봉동 네임리스 건축사무소,
2019년 11월 1일 오후 1시

유동적이거나 깨지기 쉬운 시스템을 의심하다

10년 전, 두 분 모두 미국 서부의 같은 대학원에서 공부를 마쳤습니다.

> 나은중(이하 나): 2007년 같은 석사과정으로
> 캘리포니아 버클리(Berkeley)의 건축대학원으로
> 진학한 한국 학생은 우리 둘뿐이었어요. 자연스럽게
> 친분을 쌓고 공모전에 공동 응모해 상도 받고,
> 그러다가 이제는 삶과 일의 파트너로 함께 하고
> 있습니다. 버클리는 꽤 재미있는 도시예요. 학교를
> 중심으로 형성된 작은 마을 정도 규모인데 학생운동의
> 시발지이기도 하고, 1960년대 히피 문화가 지금도 남아
> 있거든요.

유소래(이하 유): 그곳에는 '슬로푸드 운동[1]'이라는 문화가 있었어요. 그래서 맥도날드나 버거킹 같은 패스트푸드 체인이 없습니다. 미국의 전형적 식생활과는 모습이 달랐어요.

나: 대학원 졸업 즈음 '미국은 서부와 동부가 많이 다르다고 하던데, 뉴욕이라는 큰 도시를 경험해보자' 하는 이야기가 나왔어요. 버클리와 같은 생활권인 샌프란시스코가 살기 좋은 도시라고들 하지만, 문화적 스펙트럼이 그리 넓지는 않거든요. 사회와 문화 인프라가 거대한 도시에서 우리의 건축을 시작해보자는 생각으로 아무런 연고도 없이 뉴욕으로 와서 부대끼기 시작했습니다.

버클리가 작은 마을이라 졸업하면 다들 대도시로 가거나 취직하는 분위기였나 봐요.

나: 졸업할 즈음, 다른 한국 학생들에게 진로를 물었더니 '시스템이 갖춰진 미국의 대형 설계사무실에 간다'는 대답이 대부분이었어요. 사실 건축이 사회적으로 안정적인 직종이라고 말하기는 힘듭니다.

1   1986년 카를로 페트리니 (Carlo Petrini)에 의해 시작된 운동. 지역 전통, 좋은 음식, 미식에서 오는 행복과 느린 속도의 삶을 지키는 것이 목표다.

정해진 룰 없이 논리와 직관 그리고 끈기를 통해 창의적
결과물을 만들어내려면 정말 많은 시간과 노력이
필요하거든요. 반면 시스템이 갖춰진 대형 회사에는
비교적 정해진 룰이 있습니다. 금전적 부분에 있어서도
아틀리에[2]나 작가 사무실에서 일하는 것보다 유리하고요.
이런 맥락에서 그들은 조금 안정적인 방향을 선택한
것이라 할 수 있죠.

다른 길을 택한 학생도 있었나요?

나: 버클리에서 친하게 지낸 현지 친구들에게 물어보면,
회사에 취직한다는 애들이 거의 없었어요. "뭐 할 거야?"
"올라푸르 엘리아손(Olafur Eliasson)[3]의 스튜디오에
지원했어." 올라푸르 엘리아손이 설치 작업도 많이
하잖아요. 베를린에 작업실이 있는데 거기서 다양한
분야의 사람을 뽑으니 그 작가 밑에서 수련을 하고
싶다고 하더군요. '이건 한국에서 건축과를 졸업한
학생에게는 잘 없는
진로인데?'라는 생각이
들었어요. 그 외에 자기
작업을 시작하려는
친구들도 많았고요. "그럼
돈은 어떻게 벌 거야?"

---

2   소규모 건축설계사무소

3   1967년 코펜하겐 출생
덴마크의 설치미술가. 조각과 규모가
큰 설치미술로 잘 알려져 있다. 주로
빛, 물, 온도를 이용해서 관람자의
경험을 풍요롭게 만드는 작품을
구상한다.

라고 물으면 "낮에는 내 일하고 밤에는 바텐더하면서 용돈 벌면 된다"라고 하는 식이죠. '그럼 우리는 교육받고 졸업해서 안정적 시스템을 통해서 바로 사회조직에 편입되어야 할까?', '이게 정말 안정적인 방향일까?'라는 고민을 하게 됐어요.

고민 끝에 다음 행선지를 뉴욕으로 결정했군요.

유: 2009년으로 기억해요. 뉴욕에 도착해서 친구 집에 짐을 놓고 집부터 구하러 다녔어요.

나: 버클리는 도시의 밀도가 낮아 3층 이상의 건물이 거의 없어요. 미국의 흔한 외곽 풍경이죠. 그런데 뉴욕에 도착한 첫날, 타임스퀘어에 갔는데 둘 다 어지러워서 현기증을 느꼈어요. 도시의 밀도와 높이가 주는 자극이 다르더군요.

2009년 뉴욕의 상황은 어땠나요?

나: 그즈음 뉴욕뿐 아니라 전 세계적으로 몇 가지 상징적 사건이 있었습니다. 일단 2008년에 리먼 브라더스 사태가 터지면서 미국이 안전하다고 말해온 금융 시스템이 뉴욕을 중심으로 무너졌고요. 중동에서는 정치

혁명이 일어나면서 굳건한 독재 체제가 서서히 흔들리기 시작했고, 2010년에는 일본에서 동일본대지진이 일어나면서 사회 인프라 자체가 쓰나미에 파괴되었죠.

유: 일련의 사회, 자연현상을 관찰하면서 그동안 단단하고 견고하다고 여긴 시스템을 의심하기 시작했어요. 우리가 뉴욕에서 할 수 있는 작업의 대부분은 빌딩을 짓는 행위보다는 특정 장소, 개념에 대한 건축가의 아이디어를 제안하는 작은 구조물이나 파빌리온에 관한 공모전이었는데요. 그때 저희의 작업을 돌이켜 보니, 유동적이거나 깨지기 쉬운 시스템에 대한 고민이 많이 담겨 있더군요.

섬과 같은 뉴욕에서 바탕을 다지다

당시 작업들로 2011년 뉴욕 건축가연맹에서 시상하는
젊은건축가상[4]을 받기도 했어요. 어떤 주제의 작업으로
수상했는지 간단히 소개를 부탁합니다.

나: 젊은건축가상에 지원하려면, 건축
작업의 포트폴리오와 함께 건축가의 선언
(statement)을 제시해야 했어요. 그해 주제는 '다르다
(It's different)'였습니다. 우리는 '깨지기 쉽다(It's
fragile)'라고 제안했어요.
플레이 클라우드(Play
Cloud)와 화이트아웃
(Whiteout) 등이 당시의

4   1981년부터
미국건축연맹이 진행해 온 경연
대회. 졸업 10년 이하의 건축가와
디자이너가 참여할 수 있다.

대표 작업입니다. 플레이 클라우드는 구조물을 지탱하는 일반적인 기둥이 없어요. 대신 공기를 주입해 구름처럼 떠 있는 지붕을 만들고, 바닥에 묶인 끈이 그 지붕이 날아가지 않도록 끌어당기는 시스템이에요. 화이트아웃은 영하 20도의 장소에서 얼음과 투명한 호스를 이용해 일시적 구조물을 강에 띄워 만드는 개념입니다. 이처럼 공기, 물, 바람, 토양 등 일상의 물질을 새롭게 해석해 불완전한 세상에 대응한 저희만의 건축 방식으로 인정받아 그해 젊은건축가상을 받을 수 있었어요.

시대상이나 지역에서 큰 영향을 받았군요.

나: 뉴욕은 도시의 문화 인프라가 단단해서 경험이나 실적이 적은 젊은 건축가가 자신의 아이디어를 제안하고 객관화할 수 있는 공모전이나 전시가 많았습니다. 이렇게 제도가 잘 뒷받침되어 있으니, 시민도 문화를 향유할 수 있고요. 우리가 생각하는 아이디어가 허황된 가치가 아니고, 이걸 객관화하면 사회와 소통할 수 있다는 사실을 깨달았어요.

유: 뉴욕은 복잡하고 밀도 높은 도시잖아요. 한편으로 저희는 뉴욕이라는 고요한 섬에 있었던 것 같아요.

복잡성을 줄이세요

이방인으로서 주변을 의식하지 않고 저희만의 근본적이고 이상적인 작업에 집중했습니다. 온종일 작업에 몰두하고, 여유 시간에는 도시를 경험하며 새로운 자극을 흡수하고… 정말 순수하게 프로젝트에 몰입할 수 있는 중요한 시기였다고 생각해요.

네임리스 건축의 활동 기반을 다지는 중요한 시기였겠어요. 사무실도 있었나요?

유: 맨해튼의 미드타운에 머물렀는데, 주로 일한 공간은 스타벅스였어요.

나: 초반에는 사무실을 갖추지 않고 노트북만 들고 떠돌았어요. 뉴욕에 있는 시립 도서관을 거의 다 돌았고요. 스타벅스도 또 하나의 작업장이었죠. 아침에 출근하듯 오전 9시에 가방 메고 '오늘은 다운타운에 있는 어디에 가볼까?' 도서관에서 일하다가 대화가 필요하면 다시 스타벅스로 가기도 하면서 자유롭게 작업했어요. 지금 생각해봐도 그때만큼 생산적인 시기도 드물어요. 단순히 생각만 한 게 아니라 한 달에 하나씩 공모전에 지원했으니까요.

이름은 왜 네임리스 건축으로 지었나요?

나: 뉴욕에서 회사를 등록하면서 사무소 이름을 정해야 했어요. '우리 이름의 정체성은 무엇일까?'에 대해 여러 대안이 있었는데, 결과적으로는 '이름 없음'으로 지었어요. 이름만으로 다양하게 해석될 수 있잖아요. 단적인 예로 "저희는 '네임리스'라는 건축사무소입니다"라고 하면 상반된 반응이 돌아왔어요. '이름의 끝판왕이다'라는 의견이 있는가 하면, 어느 연배가 높은 건축가에게 명함을 드렸더니 "한국 사람이 이름 석 자 달고 건축을 해야지"라는 말이 돌아왔어요. 처음에는 농담인 줄 알았는데 40분 정도 진지하게 훈계를 들은 적도 있습니다. (웃음) 그런 측면에서 '이름 없는 건축'이 갖는 생각의 다양성, 수용하는 사람에 따라 다양하게 해석될 수 있다는 점이 매력적인 것 같아요.

많은 예술 작품에 '무제(untitled)'라는 타이틀이 붙는 것처럼요. 다양한 해석을 가능하게 하잖아요.

나: 저희가 지향하는 지점도 비슷해요. 무언가를 규정하기보다는 사용자나 주변 환경에 의해 건축의 쓰임새나 미학적 가치가 다르게 변화될 여지가 있고, 또한 사용자의 경험을 통해 다채롭게 해석될 수 있는 공간을 만들고 싶거든요. 건물은 고정되어 있지만 장소의 경험은 늘 유동적이라 믿고 있어요.

이름 없음
Nameless

특정 언어를 부정하게 되면
본래 의미의 반대말이 되는
경우도 있지만 어떤 경우
본래 의미의 새로운 해석과
함께 기존의 고정된 의미가
모호하게 확장되는 경우가
있다. '이름'이라는 단어 역시
한정적인 본래 의미가 '이름
없음'이 되었을 때 그 의미의
틀을 확장한다. 이름 없음은
드러내는 것이 없어 규정할
것도 없는, 아무것도 담으려
하지 않기에 오히려 더
많은 것을 담을 수 있는
불완전한 가치이다.

뉴욕이라는 도시는 매우 창의적이고 열려 있는 것처럼 보이지만, 건축가가 일하기에는 꽤 보수적인 환경이라고 알고 있습니다. 각종 규제도 많고요.

> 나: 젊은 건축가가 뉴욕에서 건물을 지을 기회는 거의 없는 게 사실입니다. 일부 구역은 도로변 보존 때문에 기존 건물을 철거하고 새로 짓더라도 파사드(facade)는 남기는 식이고, 대규모 개발은 디벨로퍼를 통해 대형 설계사무소와 진행해요. 저희가 젊은건축가상을 탔을 때 다른 수상자들을 보면 그들 역시 상황은 비슷했어요. 간혹 아시아권이나 중동 등에 건물을 지은 사람은 있어도 뉴욕에서 지은 사람은 없었어요.

> 유: 건물을 지을 기회는 오히려 한국에 많았죠. 만나야 될 사람들, 해야 할 것들 등 연결 고리도 점점 많아졌고요.

버클리에서 유학을 마치고 귀국해서 바로 실무 프로젝트를 할 수도 있었을 텐데요.

> 나: 앞서 말한 것처럼 한국에는 건물을 신축할 기회가 많은 편이에요. 그래서 젊은 건축가가 프로젝트를 시작하면, 스스로에 대한 고민을 할 여유가 별로 없어 보이기도 해요. 대개 지인의 주택 의뢰 등을 통해 첫

복잡성을 줄이세요

프로젝트를 시작하잖아요. 그렇게 한두 개 지으면 여기저기 홍보가 되고, 그러면서 자기 복제를 계속하는 사례를 봤어요. 가치나 철학을 고민하는 대신 현실적으로 실무를 처리하기에도 바쁜 환경이니까요.

어쩌면 자기만의 호흡을 갖추기 위해 뉴욕을 경유한 셈이네요. 현재 시점에서 뉴욕에서의 시간을 어떻게 바라보나요?

나: 그때는 느끼지 못했는데, 우리의 바탕을 만드는 중요한 기간이었다고 생각해요. 막상 저희도 한국 사회의 여러 관계 안에서 작업을 하기 시작하니까, 처음에 고민할 시간이 없더군요. 뉴욕에서는 도시 자체의 어마어마한 인프라에도 불구하고 순수하게 작업에 몰두할 수 있었지만, 한국 사회에서는 거미줄처럼 얽힌 실타래를 푸는 행위가 너무 많았던 거죠. 뉴욕 시절에 세운 원칙이나 가치가 향후 저희가 작업하는 데 든든한 기반이 된 건 분명한 사실입니다.

몰랐기 때문에 가능했다

다시 한국으로 오게 된 계기는 무엇인가요?

나: '빵 창고'라는 프로젝트를 의뢰받아 오게 됐어요. 말
그대로 빵을 굽는 베이커리 공간과 카페 공간을 만드는
계획인데, 건축주 예산이 넉넉하지 않아서 군더더기
없는 창고 같은 건물을 제안했죠. 건물이 들어설 대지가
산이 시작되는 경사지였는데, 평평한 마당을 만들기 위해
콘크리트 옹벽으로 산의 흐름을 단절시켰습니다. 이때
우리가 할 수 있는 선택은 장소를 점유하려는 인간과,
그대로 있으려는 자연 사이의 접점을 찾는 행위라고
생각했어요. 건축 행위는 물리적으로 땅을 훼손할 수밖에
없어요. 아무리 주변과 조화롭고 친환경적인 건물이라도

기초를 만들기 위해 땅을 파고, 건물을 앉히기 위해 나무를 자르고, 도로를 만들기 위해 산을 파헤쳐야 하니까요. 그래서 뒷산의 흐름이 자연스럽게 마당 안으로 흘러 내려오는 풍경을 의도했습니다.

'프로젝트'라고 부르는 걸 보니 실제로 지어지지는 않았나요?

유: 2011년 6월쯤, 설계를 마치고 공사를 하려는데 그해 여름 수도권을 비롯한 중부 지역에 엄청난 집중호우가 내리면서 우면산 산사태가 났어요. 공사를 앞둔 대지도 뒷산의 산사태에 뒤덮여버렸죠. 대지도 사라지고, 건축주였던 분도 산을 복구해야 한다고 해서 계획안으로 남은 프로젝트입니다.

나: 산사태 원인을 분석하는 뉴스가 많이 나왔는데, 결론은 인재였어요. 남부순환도로 넘어까지 개발을 계속하면서 우면산 산자락을 파헤쳤으니, 무너지는 게 당연했죠. 우면산 산사태는 저희가 제시했던 '깨지지 쉬움'이라는 개념을 보여준 상징적인 사건이에요. 그래서 첫 실무 프로젝트고, 지어지지 않았음에도 불구하고 의미가 있습니다.

지어지지 않아서 오히려 다행이네요.

나: 규모와 상관없이 사람이 만든 건축은 자연재해 앞에서 무용지물이에요. 도시 하나가 무너져 내리기도 하잖아요. 어마어마한 쓰나미, 산사태를 사람이 막을 수는 없습니다. 이때 사건을 계기로 자연과 인공의 경계를 어떻게 바라봐야 하나 고민하기 시작했어요.

남양주 시 동화 고등학교에 지은 삼각학교가 특히 유명합니다. 그동안 통용되어온 학교의 개념을 바꿨다는 평가를 받았어요.

나: '우리가 이제껏 경험한 학교는 어땠는가'라는 질문으로 설계를 시작했어요. 서울 사람이나 제주 사람이나, 부모님 세대부터 우리 세대까지 대부분 학교를 '한일자(一)' 자 아니면 '기역자(ㄱ)' 자 건물로 기억하죠. 한국의 중, 고등학교 건물은 기존 시스템이 너무 공고해서 새로운 설계를 하기 어려워요. 1960년대에 만들어진 표준설계도서가 있어서, 1996년까지 의무적으로 그 설계안을 따라야 했는데 지금까지 암묵적으로 이어져온 거죠.

국방부의 '표준설계도면'과 같은 맥락이군요. 대부분의 군 시설이 비슷비슷한 것처럼요.

나: 근대화가 진행되면서 양적 팽창을 할 수밖에 없던

시대였으니까요. 군대든 학교 건물이든 이 시스템의 핵심은 감시와 통제가 용이한 복도와 일렬로 나열된 교실이에요. 1.8미터에서 2.4미터 정도 되는 복도와 계단이 학교의 유일한 공용 공간이라는 사실이 안타깝죠. 저희가 생각하는 이상적인 학교의 키워드를 생각했어요. '공공성', '사회성', '투명성', '다양성' 등이 나오더군요. 그렇게 투명하게 열린 중정을 구심점으로 360도 회전하는 복도를 배치하고 수평, 수직으로 공용공간이 열려 있는 삼각학교를 계획했어요. 파놉티콘[5]의 개념을 정반대로 제시한 거죠. 소수가 다수를 감시하는 게 아니라, 투명한 공용 공간을 통해 다수에 의해 다수가 열려있는 평등한 공간을요. 물론 기존 교육청 시스템의 심의, 인허가 과정을 거치는 게 쉽지는 않았습니다.

기획과 설득에만 거의 4년이 걸렸다고요. 현실적으로 그 논리를 어떻게 납득시켰나요?

나: 삼각학교를 통해 느낀 바를 '경험'과 '경험의 미천함'이란 단어로 정리할 수 있어요. **경험이 미천하기 때문에 사회적**

5 　　　　공리주의를 심도 있게 연구한 영국의 철학자 제러미 벤담 (Jeremy Bentham)에 의해 고안된 건물 유형이자 감시 체계. 한 명의 교도관이 여러 명의 수감자를 동시에 감시하기 위해 창시된 방법으로 수감자들은 자신들이 어디에서 감시되고 있는지 알 수 없는 구조. 이는 수감자가 자신의 행동을 스스로 검열하는 결과로 이끈다. 현대사회에 들어와 파놉티콘 구조는 학교, 병원, 요양원 등에 적용되고 있다.

네임리스 건축, 《완전히 불완전한 사전》
중, p.202 (공간서가-건축가 프레임
시리즈 04)

경험의 미천함
Inexperience

비워진 땅을 바라본 시점부터
구조물이 완성되기까지 장소에
대한 예측과 좌절 그리고
성취의 연속적 프레임은
경험이 부재한 이들에게는
모든 것이 새로이 직면하게
되는 도전이며 때로는
소모적인 건축 행위의 양상을
띤다. '경험 없음'으로 발생하는
이러한 불편함에도 불구하고
'경험 많은 것'이 경험의
미천함보다 못하다고도 할
수 있는 것은 이를 축적하는
과정에서 얻는 것보다 잃는
것이 더 많기 때문이다.

복잡성을 줄이세요

관계를 생각하지 않고, 부대끼면서 하나하나 풀 수
있었어요. 그런데 이제는 그 경험을 통해 경직된 시스템을
알아버렸어요. 경험이 쌓여 노련하다고 볼 수 있지만,
그렇게 힘든 과정을 되풀이하지 않을 수도 있겠죠.
우여곡절이 많았는데, 정말 몰라서 가능했다고 생각해요.

삼각학교가 지어진 후, 학생들이 어떻게 사용하고 있는지
궁금하네요.

나: 어느 날 학교를 방문했는데, 학생들이 2층과 3층
사이의 틈으로 배드민턴을 치고 있는 거예요. (웃음)
우리가 의도한 틈이지만, 상상했던 것보다 훨씬
창의적으로 사용하고 있는 모습이 인상적이었어요.

유: 학생들이 교실에서만 공부하는 게 아니라 복도에
앉아 혹은 중정에 엎드려 공부하고 소통하는 등 자유롭게
사용하고 있어요. 공간이 변화하면 사용자의 행위도
자연스럽게 변화한다는 것을 느꼈습니다.

건축가는 관계에 집중할 수밖에 없다

설계 의뢰를 받을 때, 건축주뿐 아니라 그걸 이용할 불특정 다수의
사람도 고려해야 할 텐데요. 평소 사회에도 관심을 많이 갖는
편인가요?

> 나: 건축 일을 할 때 중요한 단어가 '관계'입니다. 그걸
> 꼭 사회로만 한정하지는 않아요. 관에서 발주하는
> 건축이라면 공공성을 고민해야 할 테고, 건축주의 취향을
> 반영한 주택이라면 사회적 관계보다는 삶에 대한 이야기,
> 어떤 태도로 살아야 하는지 등의 관계에서 풀 수밖에
> 없겠죠. 장소가 도심이 아니라 자연이라면 땅이나 숲과의
> 관계 등을 해석해야 하고요. 이게 건축의 매력이라고
> 생각해요. 공산품처럼 규격에 맞게 만들어져 불특정

다수가 사용하는 사물에는 장소에 관한 맥락이 존재하지 않아요. 시대의 흐름과 대중적 취향의 문제죠. 그런데 **건축은 어쨌건 땅에 고정될 수밖에 없어요. 사람, 땅, 자연, 도시 등 여러 맥락에 늘 새로운 환경에 직면해야 하니 관계에 집중할 수밖에 없습니다.** 그래서 저희 작업도 매번 성격이 달라요. 설계를 시작하며 마주하는 땅, 쓰임새 그리고 사람의 관계가 늘 다른 생각과 관점을 만들죠.

네임리스 건축은 현재 몇 명으로 운영하나요?

유: 다섯 명 내외로 유지하고 있어요. 앞으로 어떻게 될지 모르겠지만, 규모를 크게 키울 생각은 없습니다. 많은 작업을 통해 에너지를 소모하기보다는 한 프로젝트, 한 프로젝트에 힘을 쏟고 싶어요.

두 분의 업무는 어떻게 분담하나요?

나: 저희는 글 하나를 쓰더라도 초안을 잡고 그걸 발전시키면서 같이 정리해요. 설계도 마찬가지고요. 따로 역할을 나누진 않습니다. 부부 건축가 중에는 설계를 따로 하는 분들도 많아요. 건축 일을 하다 보면 의견이 다를 수밖에 없거든요. 저희도 종종 다투지만, 서로 부대끼면서 잘 맞춰가고 있습니다.

아무리 잘 맞는 부부라도 의견이 같을 순 없겠죠.

유: 물론 의견이 충돌하는 순간에는 서로 불편하죠. 가령 제가 평면을 스케치하거나 글의 초안을 썼는데, 많은 부분이 빨간 줄로 수정되어 있으면 기분이 좋지 않죠⋯ (웃음) 당시에는 부딪히지만 지나고 보면 서로에게 유효한 조언들이 많아요. 그로 인해 서로 한 단계 더 성장할 수 있거든요. 한 번 더 생각하게 되는 점은 긍정적이에요.

나: 서로의 생각을 주고받으며 보완하는 방식이 꼭 좋다고 단정 지을 수는 없지만, 대체로 결과를 좋은 방향으로 이끌더군요. 10년 넘게 출퇴근을 같이하고, 집에서도 함께하다 보니 이제는 점점 더 잘 맞는 것 같습니다.

건축이 아닌 다른 직업군과도 협업할 일이 종종 있을 텐데요.

나: 과거 천호대로로 단절되었던 아차산 자락을 복원하는 땅에서 정소영[6] 작가와 공공예술 프로젝트를 진행 중이에요. 아차산 자락을 바라볼 수

6   1979년생 프랑스 태생의 한국 예술가. 설치 및 비디오 미술을 통해 공간에서 형성되는 역사성을 연구하며 공간이 가지는 의미를 분석한다. 2016년 DMZ 프로젝트에 참여하며 사회와 환경을 다루는 작품을 선보였으며 다양한 분야의 예술가들과 협업하며 작품 활동을 이어나가고 있다.

있는 27미터 높이의 공공 전망대인데, 수백 개의 스틸 파이프 구조를 세우고 덩굴식물들이 그 파이프를 타고 올라가면서 시간이 지나면 숲의 일부로 변화하는 풍경을 기대합니다.

유: 누군가는 정소영 작가의 역할을 물어보기도 해요. 그럼 계획 단계부터 함께한다고 말해요. 건축 공간을 만들고 거기 들어갈 오브제를 작가에게 의뢰하는 방식이 아니라, 계획 설계 단계부터 같이 고민하거든요. 서로의 작업을 잘 아는 상태에서 진행했기 때문에 각자의 아이디어가 잘 반영되었어요. 서로 다른 관점도 엿볼 수 있고요.

나: 건축가는 뭔가를 구축할 때 개념부터 구조까지 논리적으로 만들려는 경향이 있어요. 직관적이고 때로는 추상적인 생각이라도 논리적으로 상대방을 설득해야 프로젝트가 실현되니까요. 또한 현실에서 문제없이 구현하는 것도 염두해야 하고요. 그러다 보니 건축가는 불확실성을 정리하려는 습성이 있어요. 반면 저희가 관찰한 예술가는 풀어헤치려는 경향이 더 컸어요. 서로 대화를 하면서 그 접점을 찾는 과정이 재미있었습니다.

접점을 찾았나요? 아니면 또 설득했나요?

나: 설득한 건 아니에요. 우리도 예술가 관점으로 다시 바라보는 거죠. 이런 생각은 어떨까, 이건 어떻게 풀어헤칠 수 있을까.

유: 저희가 2019년 4월에 출간한 «완전히 불완전한 사전»은 한글과 영문으로 같이 썼는데요. 이 책에 참여한 노성자 번역가도 7~8년 전부터 함께 작업한 분이에요. 개념적인 생각을 다른 언어로 전달할 때, 뉘앙스 차이가 크잖아요. 잘 번역하는 것도 중요하더군요.

나: 건축의 물리적 실체를 보여주는 다양한 방식 중에는 사진도 있고 영상도 있지만, 어떤 철학과 가치를 더 함축적으로 만드는 매개체는 언어라고 생각해요. 단순히 프로젝트를 설명하는 것뿐 아니라 건축가의 생각을 명료하게 전달해야 하니까요. 노성자 번역가는 번역을 어렵게 해요. 어려운 단어를 쓴다는 게 아니라, 여러 과정을 거친다는 뜻인데요. 저희가 이해가 안 되면 계속 물어보고, 반대로 번역가도 특정 문장이나 단어의 취지가 무엇인지 서로의 의도를 재차 확인하면서 전체 완성도를 다듬어가요. 이런 작업은 단순히 번역이라기보다는 또 다른 협업이라고 느껴집니다.

즐기는 것보다 어려움을 극복하는 게 더 많다

어릴 적부터 건축가가 되고 싶었나요?

나: 특별한 계기가 있는 건 아니에요. 제가 대학을 다닐 때만 해도 건축을 잘하려면 미술을 잘해야 한다는 말이 있었어요. 그림도 잘 그려야 하고요. 지금이나 앞으로 다가올 시대를 생각해보면 전혀 의미 없는 말 같아요. 그보다는 세상을 바라보는 다른 관점, 조금 더 나은 세상을 만들기 위한 생각과 의지가 필요하지 않을까요? 그 세상이 전 지구적 규모를 말하는 건 아니에요. 개인이 살아가는 공간일 수도 있고, 공공성을 지닌 장소일 수도 있고요.

유: 저희 둘에게는 공통점이 있어요. 둘 다 건축을 공부해야겠다고 정하고 나서는 진로에 대해 딴 고민을 한 적이 없어요. 학부와 대학원 학업을 마치고 한눈팔지 않고 이 길만 생각했어요. 현실적으로 풍족하지는 않지만 좋아하는 길을 가는 게 결국 행복한 삶이라고 생각했거든요.

모든 사람이 자신이 하고 싶고, 관심 있는 일을 직업으로 갖기는 어렵잖아요. 건축가로 자립하면서 겪을 수 있는 경제적 어려움은 어떻게 대비했나요?

나: 뉴욕에서 설계사무소를 만들면서부터 경제적으로는 늘 어려웠어요.

유: 어렵다기보다 풍요롭지는 않죠. 프로젝트에 들인 시간과 노력에 준하는 금전적 보상을 받기에는.

나: 풍족하게 살기 위해 건축가의 길을 택하는 사람은 소수일 거예요. 대신 금전적 가치 너머 삶의 풍요로움은 있습니다. 그래야 건축 일을 지속할 수 있을 테고요.

가장 큰 풍요로움은 무엇인가요?

나: 내가 상상하는 어떤 공간과 사물이 세상을
변화시킨다고 하면, 그건 너무 과장된 얘기고요. 저는 이
직업을 통해 한 사람의 공간, 삶의 태도를 서로 조율하고
만들어갈 수 있다는 걸 느꼈습니다. 경기도 광주에
있는 '아홉칸 집'을 지으면서 꽤 많은 걸 경험했어요.
건축주를 만나 건축의 객관적 여건을 논하는 것도
중요하지만 '어떻게 하면 행복한 삶을 살 수 있을까'를
함께 고민했거든요. 건축은 사람을 바탕으로 장소를
만드는 행위입니다. 사람들이 그 장소에서 행복한 삶을
만들어가는 걸 보면 무엇보다 큰 희열을 느껴요.

유: 그런 장면을 볼 때마다 건축가처럼 받는 게 많은
직업은 없는 것 같다는 생각이 들어요. 물론 워낙 큰
돈과 시간이 들기 때문에 그 '느림'을 견디는 게 쉽지는
않아요. 설계부터 공사까지 몇 개월에서 몇 년이 될 수도
있으니까요.

나: 이 직업은 즐기는
일보다 어려움을 극복하는
일이 더 많기도 해요.
느림을 조급하게 생각하면
건축가만큼 스트레스가
심한 직업도 없겠죠.

7   경기도 광주에 위치한
개인 주택으로 네임리스 건축에서
설계했다. 아홉 개의 방으로
구성되어 아홉칸 집이라 불리며
복도 없이 유연하게 연결되는 방이
이 집의 특징이다. 화장실과 부엌을
제외한 방들은 거주하는 이의
필요에 따라 유동적으로 사용할 수
있도록 만들었다.

하지만 그 속도에 순응하며 지속 가능하도록 페이스를
만들다 보면, 한참 뒤에 따라올 보상이 어떤 직종보다
강렬하죠. 그게 공공성을 지닌 프로젝트라면
몇 배가 될 테고요.

부부 건축가로서 일하는 영역을 더 확장할 수도 있겠습니다.
출판도 이미 몇 번 했고요.

나: 건축과 맞닿아 있는 다른 경계, 다양한 소통 경로를
늘 고민해왔어요. 큰 빌딩을 짓는 게 아니더라도 일시적인
파빌리온을 만드는 행위, 출판, 전시 등도 저희가
바라보기에는 건축 행위의 일부예요. 책을 쓰는 것도
같은 맥락이라고 생각해요. 아직까지 다른 영역으로
사업을 확장하는 건 생각해본 적이 없어요.

'건축 행위'를 구체적으로 풀어 설명해줄 수 있을까요?

나: 바꿔 말하자면, 이렇게 물어볼 수 있습니다. '건축가는
건물을 만드는 사람인가?' 그렇지만은 않습니다. 우선
공간을 다루는 건 사실이죠. 그런데 건축가가 하는
일의 맥락을 분석해보면, 사회의 여러 관계를 조율하는
사람이라는 의미가 훨씬 더 커요. 공간을 사회적, 주변 맥락
안에서 실체로 구현될 수 있도록 조율하는 행위인 거죠.

조율을 잘하려면 어떻게 해야 하나요?

나: 각자가 가진 생각을 어떤 식으로든 적극적으로 공유하는 게 필요해요. 예를 들어, 저희가 삼각학교 프로젝트를 진행하면서 《스쿨 블루프린트(School Blueprint)[8]》란 책을 낸 계기가 있어요. "19세기 건물에서 20세기의 선생님들과 21세기 학생들이 공부를 한다"라는 유명한 말이 있죠. 그동안 한국 사회는 학교가 지닌 문제점을 수없이 언급만 하고 변하지는 않았어요. 저희가 삼각학교를 만들면서 심의나 인허가 과정에서 자주 들은 말이 있어요. "사례를 갖고 와라", "이런 학교가 어딨냐", "이런 재료를 어느 학교에서 쓰냐", "학교가 삼각형인 게 말이 되냐" 등. 설계할 때 어려움을 겪으면서 생각했어요. 우리가 열성을 다해 좋은 결과물을 만드는 게 유일한 해결책이겠다고요. 결과물뿐 아니라 과정도 잘 기록해놓아야 사람들과 널리 소통할 수 있고, 하나의 다른 사례로서 기능할 수 있을 거라고. 그런 관점으로 출판한 게 이 책이에요.

8   네임리스 건축이 설계한 동화 고등학교의 삼각학교 건축 과정에 대해 상세 기술한 서적. 한국 학교 건축의 대안을 탐색한 자료이자 미래 학교 건축에 대한 새로운 방향을 제시하는 책이다.

네임리스 건축, 《완전히 불완전한 사전》
중, p.10 (공간서가-건축가 프레임
시리즈 04)

몇 해 전 여름, 작은 건물의 시공 현장에서 있었던
일이다. 반듯하게 만들어져야 할 콘크리트 벽 일부가
도면과는 다르게 울퉁불퉁 모나게 만들어져 있었다.
그곳은 건물의 진입 공간으로 만듦새뿐 아니라
기능적으로 몸이 스치는 주요한 공간이었다.

우리는 그 의도하지 않음을 참지 못하고 콘크리트
일부를 깨고 다시 작업해달라고 주문했다. 결과적으로
수정된 벽은 두부 자른 듯 매끈하지만, 재료의
자연스러운 질감은 잃은 채 주변 요소와
조화롭지 못한 풍경을 만들었다.

복잡성을 줄이세요

불확실성이 클수록 뿌리를 단단히 해야 한다

평소 하루 일과는 어떻게 되는지 궁금합니다. 마감 때 버전과
평소 버전이 있나요?

유: 마감은 원래 저희의 루틴이죠. 보통 8시에서 8시
30분에 일어나 9시에 집을 나오면 9시 30분쯤 사무실에
도착해요. 퇴근하고 집에 와서 저녁을 먹고 다시
일하거나, 일에 연관된 대화를 나누기도 하고요. 그런데
최근에 이 루틴이 깨졌어요.

나: 건축과 관련된 이야기는 아닌데…. 아이가 생겨서
두 달 전에 출산을 했습니다. 루틴을 다시 만들어가야
하는 시점이에요.

축하드려요! 그 무엇보다 중요한 변화 아닐까요?

> 나: 삶의 가장 큰 변화죠. 다행히 아기가 잠을 잘 자요.
> 그런데 일과를 물어본 의도가 있을 것 같은데요.

각 직업인마다 반복하는 일과가 다를 것 같아서 물어봤어요.
셰프라면 장을 보거나 식재료 다듬기를 반복하는 것처럼요.

> 나: 아까 말했듯이 건축가는 논리적이고 항상 정리하려는
> 습성이 있습니다. 그래야 도면을 그리고 실체를 만들
> 수도 있으니까요. 작업 과정을 잘 기록해 출판도 하고요.
> 그런데 지난 1~2년 전부터 관심사가 바뀌어서 요즘은
> 정리하는 일과가 많이 줄었어요. 이렇게 꼭 정리를 해야
> 할까? 어느 시점에서 정리하기보다는 내버려 둠이 훨씬
> 더 큰 가능성을 남기지 않을까? 흐트러트림에 대한
> 관심이 생겼어요.

《완전히 불완전한 사전》의 프롤로그에서 콘크리트의 매끈한 면이
역설적으로 조화롭지 못한 풍경을 만들었다고 언급한 것처럼요.

> 나: 그동안 현장에서 노출 콘크리트를 치면 콘크리트
> 면이 의도대로 정확하게 나왔는지부터 확인했어요. 한
> 번 굳어지면 다듬을 수 없고, 거기에 무언가를 덧대기도

복잡성을 줄이세요

어려우니까요. 몇 해 전 공사 현장에서 콘크리트가 모나게 만들어진 걸 보고 너무 화가 나서 어떻게 할지 고민하다 한숨을 쉬는 순간, '그냥 놔두면 어떨까'란 생각이 들었어요. 그때 굉장히 많은 생각을 했습니다. 콘크리트 물성을 살릴지 말지를 떠나 더 거시적으로 바라보게 된 거죠. 어차피 시간이 지나면 건축은 건축가의 행위를 넘어서게 되니까요. 완전하게 만들려는 건축가의 욕망과 배치된 '불완전함'이라는 단어가 가진 맥락도 다시 바라볼 수 있었습니다.

유: 정해진 일과가 중요한 직업도 있겠죠. 그런데 건축가는 루틴을 흐트러트리는 순간, 더 많은 가능성과 즐거운 일이 벌어질 수도 있습니다. 그게 더 자극도 되고요. 초반에 '네임리스'라고 이름을 지으면서 우리 작업과 삶의 결이 비슷하면 좋겠다고 이야기했었어요.

그 결은 어떤 걸까요?

나: 불확실하고 복잡한 세상 속에서 단순함을 구축하는 거죠. 단순함이라는 가치가 오히려 우연성, 불확실성, 불완전함을 밀도 있게 함축한다고 생각해요. 작업도, 삶도 단순화하면 루틴이 흐트러지는 순간에도 그걸 억지로 붙잡는 대신 그 흐름을 수용할 수 있습니다.

불확실성이 큰 시대인만큼 많이 덜어낼수록 유리한 것 같아요.

나: '직업'도 연장선에 있다고 봐요. 인터넷으로 다양한 사람의 직업 인터뷰를 보면, 뭐하는 사람인지 모르겠는데 뭔가 잘하는 것처럼 보이기도 하고…. 음식으로 치면 퓨전의 퓨전의 퓨전 같다고나 할까요? 직업 세계도 실험 중이겠죠. 그만큼 불확실성이 크고요. 여기에서 근본을 다잡지 않으면 빠르게 소모되거나 사라져버릴 수도 있습니다. 불확실성이 크다는 건 현상 자체가 일시적 (temporary)이라는 말이잖아요.

지속 가능하려면 무엇에 신경을 써야 할까요?

나: 방법은 하나뿐이죠. 자신이 가진 근본을 단단히 하는 것. 직업에 귀천이 없고, 세상에 없던 직업이 나올 수 있는 시대인만큼 뿌리가 중요해요. 그래서 '근본적 (radical)'이라는 말을 좋아하기도 해요.

유: 근본적이라는 말은 라틴어 'radicalis'에서 유래한 '뿌리의(of roots)', 또는 '뿌리로부터(from roots)'라는 어원을 가지고 있어요. 동시에 급진적이란 의미도 있죠. 건축가로 일하면서 눈 앞의 문제를 어떻게 해결할

수 있을까 혹은 어떻게 다르게 만들 수 있을까 등을 논의하지만 실은 표면적인 이야기입니다. 눈에 보이는 잎과 열매 아래의 보이지 않는 뿌리, 근본을 바라보려고 노력합니다. 건축가마다 바라보는 뿌리는 다를 수 있어요. 다만 근본을 인식하고 문제에 접근한다면, 최소의 개입만으로도 충분히 긍정적인 변화를 만들 수 있지 않을까, 늘 이런 고민을 하고 있습니다.

그럼 네임리스의 근본은 무엇인가요?

나: 'nameless', 이름이 없는 거요. 무명이죠.

나은중은 홍익대학교와 U.C.버클리 건축대학원을 졸업했다.
2011년 미국건축연맹 젊은건축가상(Architectural League
Prize)과 2012년 문화체육관광부 오늘의 젊은예술가상,
2014년 미국건축가협회 신진건축가상(AIA NPNY)을
수상하였다. 서울시 은평구 총괄건축가, 서울시교육청 꿈담
총괄건축가로 활동하고 있다.

—

유소래는 고려대학교와 U.C.버클리 건축대학원을 졸업했다.
2006년 한국건축문화대상 대상을 받았으며, 2011년
미국건축연맹 젊은건축가상과 미국건축가협회 신진건축가상,
2017년 문화체육관광부 오늘의 젊은예술가상을 수상했다.

—

나은중과 유소래가 세운 네임리스 건축은 뉴욕현대미술관
(MoMA), 뉴욕건축센터, 파슨스 더 뉴스쿨, 국립현대미술관,
서울시립미술관, 국립중앙박물관 등에서 건축 작업을
선보였으며, 뉴욕건축가협회 대상, 보스턴건축가협회상,
미국건축연맹 젊은건축가상, 미국건축가협회 신진건축가상,
레드닷 디자인어워드, iF 디자인어워드, 김수근건축상
프리뷰상을 수상했고, 2014년 12월, 미국 건축지 «Architectural
Record»에서 세계 건축을 선도할 10대 건축가(Design
Vanguard Award)에 선정되었다.

—

instagram @namelessarchitecture

유소래, 나은중
Sorae Yoo, Unchung Na

"

U.C. 버클리 건축대학원 때 건축 수업을 주로
듣긴 했지만, 타 과 수업도 많이 들었어요. 특히
앤서니 드보브스키(Anthony Dubovsky) 교수가
진행한 '단어와 이미지(Word and Image)' 수업이
인상적이었어요. 저녁 7시에 와인과 함께 시작하는
수업인데, 매번 특정 단어를 고르고 그걸 표현할 수 있는
무언가를 들고 가야 했어요. 회화나 설치 작업, 텍스트 등
매체에는 제한이 없었죠. 돌멩이 하나를 가져가더라도
그것에 대한 생각을 표현해야 합니다. (…) 쉽게 때울 수
있는 수업이라 생각할 수도 있는데, 뭘 가져가고
뭘 얘기해야 할지 고민하다보면 이 수업처럼 어려운
것도 없어요. 덕분에 단어와 이미지, 두 개의 매개체를
통해 생각하는 훈련을 꽤 즐겁게 했어요. 내가 무슨
생각을 가지고 있고, 무엇에 관심이 있는지 등을
끊임없이 생각하는 계기가 되었습니다.

"

Doojin
Hwang

황두진

Seoul

황두진은 활동 범위가 넓은 한국의 건축가다. 본업인 건축설계 오
을 꾸준히 지속한다. 스스로를 '디자인 이전의 기획'을 하는 건축
단계부터 개념을 그리는 건축을 해온 결과 한옥, 서양식 주택, 힌
기 색을 집어넣을 수 있었다. 그는 이 모든 활동의 바탕과 시작0

저술, 전시, 연구, 대중 원고 집필, 포럼 개최 등 건축 관련 활동

고 생각하기 때문이다. 건축 이전의 디자인, 디자인 이전의 기획

배구단 훈련 시설 등 성격이 무척 다른 건축물을 만들면서도 자

같이 있으니 지루할 정도로 바라보는 시간이 필요하다고 말한다.

결과를 만들어야 하는 일은 태도만으로 되지 않습니다

서울 종로구 통의동 황두진건축사사무소,
2019년 11월 5일 오후 7시

복합적인 만들기에 매료되다

건축을 전공한 계기가 있었나요?

자연과학자가 되고 싶었는데 어쩌다 보니 공대에 왔고, 공대에 열일곱개 학과가 있었습니다. 아직 전공이 없던 1학년 때 지도 교수가 건축과 교수였어요. 학기 초에 그분과 면담을 하러 가는 길에 건축과라는 곳에 처음 가봤죠. 그 순간을 잊을 수 없을 것 같아요. 복도를 가득 채운 도면과 모형을 보는 순간 '이런 세상이 있단 말이야?' 싶었거든요.

면담이 잘 되었으니 지금 건축가로 인터뷰를 하고 있는 거겠죠?

교수에게 솔직하게 이야기했어요. "나는 뜻 없이 공대에
왔습니다. 그런데 복도에 걸려 있는 것들을 보니 마음이
움직입니다. 이렇게 평생 직업을 선택해도 되는 겁니까?"
그랬더니 교수가 웃는 얼굴로 '너 같은 학생 많다'라고
하며 책을 몇 권 소개해줬어요. 그 자리에서 제가 "내년에
(건축과에서) 뵙겠다"라고 한 것 같습니다. 2학년 때
건축과에 올라가서 자기소개를 하는데 친구들이 "나는
중학교 때 마르셀 브로이어의 주택[1]을 보고 추상적
아이디어가 구체적 현실이 되어 나타나는 과정에
매력을 느꼈다" 같은 이야기를 하더군요. 제 차례가 왔을
때 이렇게 말했어요. "난 솔직히 너희들처럼 대단한
이야기를 할 건 없고, 인간이 무엇을 만드는 게 굉장한
일이라 생각하는데 건축은 그 무엇보다도 복합적인
만들기라서 근사한 일 같다. 만들기에 매료되어 우연한
기회에 뒤늦게 왔다."

멋진 에피소드를 이야기한 동기들도
다 현업에 있나요?

꼭 그렇지만은 않더라고요.
학교를 다니다 보니 몇
번은 커리어의 기로에 서게
되었어요. 가장 큰 기로는

[1]   1902년생 헝가리의
현대주의 건축가이자 가구
디자이너인 마르셀 브로이어가
1940년대에 처음 제안한 주택
계획안. 'H-plan'이라고도 불리는
이 계획안은 낮 동안 많은 시간을
보내는 거실, 부엌, 식사 공간과
밤에 주로 사용하는 침실과
화장실을 나누어 설계한 것이
특징이다.

교수가 되느냐 마느냐예요. 저는 그때마다 심각하게 생각한 적이 없어요. 제 정체성의 핵심은 현업에서 설계사무소를 운영하는 것이었습니다. 모든 일에는 그것을 담는 그릇이 있는데 내용과 그릇이 어울려야 하겠죠. 사회적으로 보면 설계사무소 소장은 대단한 직위가 아닐 수도 있어요. 하지만 내가 이 업을 하겠다고 생각했을 때는, 내가 갖고 싶은 사회적 존재의 형식이 '설계사무소 대표'였거든요. 어린 시절부터 지금까지 그렇게 생각했어요. 복잡하게 고민할 필요가 없다고.

지금 하는 일에 대한 원칙이 있습니까?

원칙이라기보다는 지향성이라고 이야기하고 싶어요. 외력이 작용하면 어쩔 수 없이 움직여야 하는 경우가 많아요. 그 외력이 사라졌을 때 내가 탄력 있게 제자리로 돌아갈 수 있는지, 그런 항상성이 있는지, 그게 견고한 원칙보다 훨씬 중요한 것 같아요. 원칙은 잘못하면 부러져요.

그렇다면 당신의 항상성은 어디에 있나요? 외력이 없을 때 건축가 황두진의 밸런스는?

저는 '건축가는 결국 경계에서 경계를 효과적으로

결과를 만들어야 하는 일은 태도만으로 되지 않습니다

조율하는 사람'이라고 봐요. 인생을 둘러싼 여러 세계의 경계를 찾아서 거기에 가 있으려 합니다. 개인과 직업 면에서 모두 그래요. 나는 아저씨예요. 요즘 사회에서 가장 지탄받는 집단의 일원입니다. 그런데 비록 아저씨라고 해도 여리고 섬세한 감정을 가질 수 있고, 그럴 필요도 있습니다. 그런 게 제가 말하는 경계예요. '나는 어디의 일원이라 어디에 속해 있고, 내 세계는 어디다'라는 말을 강하게 하려면 할 수 있죠. 하지만 어떤 경계점에 의도적으로 가 있는 게 중요하다고 생각해왔습니다.

어린 시절에 실패하거나 좌절한 경험도 있나요?

어릴 때 굉장히 병약해서 '내가 사람 구실을 할 수 있나' 하는 걱정이 컸습니다. 다행히 성장하며 건강은 회복했지만요. 본질적인 차원의 좌절도 누구에게나 있을 거예요. '내 머릿속에서 생각하는 어떤 경지가 있는데 이걸 실제로 해낼 수는 없을 것 같다'는 좌절이 늘 있죠. 분야를 막론하고 사람의 상상을 언어라는 그릇에 담는 건 조약돌을 앞으로 던지는 것과 비슷해요. 내 생각을 던지고, 그걸 구현하기 위해 좇는 거예요. 어떤 상상은 내가 따라잡을 수 있지만 내가 던져놓고 실제로 구현하지 못하는 상상도 있습니다. 그럴 때 좌절감이 들어요.

머릿속으로는 고도로 복잡한 상상을 하고, 실제 세상에서 이게 이루어지기 힘들다는 걸 느끼면서도 도전하지만, 그럴 때 좌절하죠.

체력과 정신력 소모도 적지 않을 것 같습니다. 스트레스는 어떻게 푸나요?

스트레스 원인 제공자를 찾아가서 하고 싶은 이야기를 합니다. "나는 당신 때문에 스트레스를 받고 있다. 그러지 않았으면 좋겠다." 그러면 절반 이상은 해결됩니다. 장기간 스트레스를 받으면 걷습니다. 개업 초에 참을 일이 많았어요. 그때 서울 성곽도 한 바퀴 돌고 답사도 많이 다녔습니다. 그렇게 걷기 시작한 게 제2의 천성이 되었습니다. 사회적으로나 건축계에서 외롭다고 생각한 적도 많았어요. 그때 제 주변의 많은 건축가들은 모여서 이런저런 일을 함께했습니다. 저는 대부분 그 밖에 있었고요. 그런 저 자신을 보면서 많이 걸었습니다. 내가 선택한 결과지만 힘든 건 힘든 거니까.

스트레스는 내 안에서 없애는 수밖에 없을까요?

일을 하다 보면 실제로 달려들어 해결해야 할 문제가 있습니다. 그럴 때는 문제의 핵심을 찾는 게 가장

좋습니다. 그게 아니라 내가 세상을 바라보는 관점
때문에 스트레스가 생긴다면 좋은 사람 만나서 술 마시며
즐거운 시간을 보내는 것도 좋아요. 지금까지는 대부분
평화적으로 풀었습니다.

건축가와 건축주는 같은 편에 서야 한다

황두진의 건축에서 가장 중요한 것은 무엇일까요?

남에게 너그러운 것이라고 생각합니다. 건축은 기본적으로 자본이 있어야 합니다. '자본'은 공공 혹은 성공한 사람, 기업 등에 있죠. 회사든 개인이든, 이 세상에 얼마나 많은 사람들이 살아생전에 자기 건물을 지어볼까요? 건물을 짓는 일 자체가 성공의 결과입니다. 성공한 사람들마저 '내 곁을 조금도 내줄 수 없다'고 생각하는 사회라면 정말 삭막할 겁니다. 그래서 제도가 있어요. 건축법, 각종 조례, 지구 단위 계획은 강제적, 제도적으로 너그러워지라는 강요이기도 합니다. 그 제도를 넘어 스스로 너그러워지는 사람들이 많아져야 해요. 꼭 부유한 사람만 너그러운 게 아니라 누구나 할 수 있는 일이 있어요. 이를테면 집 앞에 예쁜 화분을 두거나, 내 집 앞을 잘 치우는 행위죠.

좋은 건축주는 어떤 사람일까요?

역시 마음이 넉넉했으면 좋겠습니다. 항상 기대할 수 없는 희망 사항이지만요. 제가 시스템의 일원인 걸 이해해줬으면 좋겠습니다. 건축 일은 직선적으로 움직이는 일이 아니라 그 리듬과 과정 자체에 물성이 있다는 걸 알아줬으면 좋겠고요. 건축은 잘 몰라도 되는데 건축가가 어떻게 일하는 게 본인을 위해 최선인지 아는 분이면 좋겠습니다.

건축가가 어떻게 일하는 게 본인을 위해 최선인지 미리 알 수 있나요?

제가 열심히 책을 쓰고 회사 홈페이지를 관리하는 이유가 그거예요. 이왕 찾아오실 때는 저와 제 사무실에 대해 잘 알고 오셨으면, 찾아본 것들이 좋아서 오셨으면 좋겠습니다. "유명해서 찾아왔어요" 보다는 "나름 알아봤고, 건물도 가봤는데 좋았습니다"라는 게 좋죠. 그쪽이 일하기 편하기도 하고요. 결국 건축가와 건축주는 같은 편에 서서 같은 방향을 보고 가야 합니다. 같은 팀이라면 서로를 좀 알아야 하고요.

건축가와 건축주의 합이 좋은 건축을 만든다고 볼 수도 있겠습니다.

건축주의 취향에 맞추는 식으로 일을 하면 미궁을 돌다가 적절한 선에서 끝나는 수가 있어요. 그래서 프로젝트 초기 단계에 건축가가 '이거다'라고 던질 수 있어야 합니다. 건축주의 반응은 그때마다 조금씩 달랐어요. "주인 의식을 갖고 일하네요", "이건 디자인 전 단계의 기획이군요", "평소에 생각 못했던 아이디어를 내줘서 고맙습니다" 같은 말씀을 해주셨습니다. 기획을 할 수 있는지는 굉장히 중요합니다. 크고 작은 세부 기획보다 근본적으로 '이 건물은 무엇을 해야 하는가'라는 확고한 목표를 '빵' 때려줄 수 있는가. 그게 중요한 것 같습니다.

춘원당한의원의 경우에는 약탕기를 노출시킨 게 일종의 '빵'이었던 거군요.

그것도 그냥 던진 건 아니에요. 당시 서점에 가서 한의학 책을 사서 읽었습니다. 그때는 스테로이드를 넣거나 중국산 약재를 써서 언론을 통해 연달아

'한의학 불신론'이 터질 때였어요. 춘원당은 7대째 한의학을 해온, 한국 한의학 역사의 축이라고 할 수 있는 곳이에요. 상황을 보니 '이 정도 집안이면 소명 의식이 있겠다'는 생각이 들었습니다. 특히 여기는 탕제 중심의 한의원이었어요. 그래서 "기존 병원 구석에 놓여 있던 약탕기를 정면으로 꺼냅시다. 백스테이지에 있던 기계를 스테이지로 꺼냅시다"라고 말하며 그림을 보여드렸더니 원장님께서 "나 이거 결정 못합니다"라는 거예요.

그래서 어떻게 되었나요?

사무실로 돌아오면서 '어렵게 계약했는데 여기서 끝날 수도 있겠다…' 싶었어요. 그런데 며칠 있다 춘원당에서 전화를 주셨어요. "이게 얼마나 어려운 결정인지 알죠? 우리는 황두진 씨 설계사무소에 신사옥을 설계해달라고 했는데, 제안대로 하려면 우리가 일해온 방식을 다 바꿔야 해요. 그런데 생각해보니 이렇게 가야 할 것 같아요." 이런 건물이라면 백 마디 말이 필요 없죠. 건물에서 약탕기를 보여주면서 일하는데 중금속 같은 게 어떻게 들어갑니까. 자신이 가진 잠재력을 스스로 디자인하기는 굉장히 어려워요. 그걸 안다면 대단한 겁니다. 건축가의 일 중 하나는 건축주의 잠재력을 디자인하는 거라고 생각해요.

건축을 잘한다는 게 무엇일까요?

내가 해야 하는 일이 무엇인가를 정확하게 파악하는
겁니다. 목표를 명확히 해야겠죠. 동시에 그 이면에서
목표를 명확하게 정의하고 접근했어요. 결과를 만들어야
하는 일은 태도만으로 되지 않습니다. 실제로 많은
건물이 왜 만들어지는지 모르고 지어지고 있어요. 확고한
목표를 명확하게 하는 게 좋은 건축의 첫걸음입니다.
'왜 이 건물이 이렇게 지어지느냐'에 대한 답을 할 수
있어야 해요.

그 '왜'를 건축가가 건축주에게 제안할 수도 있고요.

실제로 저희 스스로나 밖에서 봤을 때 '잘했다'고 여긴
일들은 건축가로서 기획과 제안을 한 일들이에요.
저는 디자인 이전의 기획을 할 줄 아는 건축가라고
스스로를 표현해왔습니다. 건축주의 요구 조건만 성실히
수행한다고 건축이 될 거라고 생각하지 않아요. 어느
순간은 자기 것을 확 내놓아야 하죠. 동시에 그 순간이
위험하기도 합니다. 저희가 내놓은 제안 때문에 이야기가
끝날 수도 있거든요. 목을 내놓는 마음으로, 이 제안
때문에 일을 못 할 수도 있다는 사실까지 감수합니다.
반대로 제안이 잘 받아들여져서 건축주와 건축가의

임진영, 건축가 황두진 인터뷰
'다시 모더니즘을 말하다' 중
(오픈하우스서울, 2018)

"세계적으로 유명한 건축가들은 굉장히 긴 호흡으로
넓은 스케일의 기획을 한 사람들이에요. '사람은 이렇게
살아야겠다.' 이런 걸 제안하는 거죠. 대표적으로
르코르뷔지에가 그렇고, 렘 콜하스도 기획하고 조직하는
게 뛰어난 건축가고요. 다만 저는 개념적으로 큰 성격을
결정하는 것을 잘하는 건축가가 되는 것을 원해요.
'아이디어는 나에게 다 있는데 그것을 충실히 구현해줄
건축가 없나' 하는 건축주에게 저는 그렇게 좋은 선택이
아닐 거예요. 다만 '이 사람의 생각을 내가 높이 사겠다.
일은 당연히 성실하게 할 거다. 그러므로 결과물도
남다르고 좋을 것이다'라고 생각하는 건축주와는
궁합이 착착 잘 맞죠. 단순 기능인으로서의 건축가는
매력이 없는 직업이에요. 기획하고 판을 짤 수 있어야
한다고 생각합니다."

공감대가 '짠' 하는 순간 서로 느끼는 희열도 있습니다.
이 사람과 나는 적어도 이 문제에서는 통한다는, 그
한 번의 교감이 생겼을 때 쾌감이 있어요. 그러면
프로젝트가 탄력을 받죠.

건축가의 역할이 어디까지인지도 흥미로운 주제입니다.

어떤 사람은 건축가를 전지전능하다고 생각해요.
그들은 건축가에게 "다 알아서 해주세요"라고 하죠.
창작의 자유를 주는 말 같지만 지속적인 관심을 보이지
않겠다는 뜻이기도 해요. 은근히 곤란합니다. 저희도
상대의 이야기와 삶을 알아야 구상을 하니까요. 반대로
"나는 머릿속에 아이디어가 있는데 그걸 잘 그려줬으면
좋겠어요"라는 사람도 있죠. 저는 그런 사람을 별로
안 만나봤지만, 이들은 "설계는 내가 다했고 건축가는
그림만 그렸다"라고도 하죠. "나는 이런 걸 원한다"라는
건 건축주가 요구하는 조건이라기보다 일을 시작하기
위한 정보 교환이라고 생각해야 합니다. 곧이곧대로
"제가 이렇게 해달라고 했는데 왜 안 해줬어요?"라고
하면 곤란해집니다. 현실은 항상 그 중간 어딘가에 있죠.

너그러움은 사업적으로 나쁘지 않다

건축을 통해 치유받은 경험도 있습니까?

많죠. 정말 많아요. 직업이 건축가이니 건축에 민감하고,
세상에 좋은 건축도 많으니까요. 좋은 건물을 보면 '이거
멋있다. 이런 걸 해볼까?'라는 생각을 하기 전에 거기
있는 자체가 너무 즐겁습니다. 다만 평소에는 이야기하는
것도 좋아하고 사람들과 활달하게 소통하는 편인데,
좋은 건축을 체험할 때는 꼭 혼자 있어야 해요. 그때만은
건물과 나 사이에 교감의 창구를 열기 위해 노력합니다.

서울에 있는 건축물 중에서도 시간을 내어 교감한 건축물이
있나요?

정동에 있는 성공회 성당[2]을 좋아합니다. 한눈에 보면 소박한데 자세히 뜯어보면 균형이 굉장히 잘 잡혀 있어요. 디테일마다 의도된 소박함이 있습니다. 그 의도된 소박함은 알고 보면 영국 성직자들이 토론한 결과였어요. 누군가는 수직적이고 화려한 고딕 양식을 주장한 반면 다른 일부는 그보다 훨씬 소박한 로마네스크 양식을 주장했어요. 당시 성당을 발주한 트롤럽 주교가 한 말이 남아 있습니다. "좋은 예배당이란 가사 노동에 찌든 주부가 뜨개질거리를 들고 찾아올 수 있는 곳이어야 한다." 그런 건축주와 건축가가 지구 반대편에 와서 지은 게 정동 성공회 성당이에요. 과장도 없고, 대충 하지도 않았고. 오히려 아주 잘했죠.

가장 많이 참고하는 건축의 특정 사조도 있을까요?

마음속에 '건축이 조형예술인가?'라는 의문이 있어요. 조형이 필요하지만 그게 건축을 이끌어가는 원동력인가 싶은 거죠. 저는 그런 면에서 여전히 근대주의자에 가깝습니다. 근대의 핵심은 합리주의니까 과학기술에 대한 믿음이 지속되는 한 개념으로서의 근대도 이어질

2 정식 명칭은 대한성공회 서울주교좌 대성당. 네오 로마네스크 양식을 기본으로, 기와지붕 같은 한국의 건축양식을 절충한 성당이다.

겁니다. 저는 노먼 포스터[3]나 리처드 로저스[4] 같은
영국의 하이테크 건축가에게 가장 큰 영향을 받았어요.
르코르뷔지에보다 미스 반데어로에의 영향을 더 많이
받은 것 같고요. 영국 사람은 아니지만 렌초 피아노[5]의
젊은 시절도 제게 영감을 줬어요. 물론 결과물이 어떻든
상관없다는 게 아니라, 형태로 접근해서 결과물을 만들고
싶지 않다는 말이에요. 형태가 아닌 다른 것에 중점을
뒀는데 형태도 좋다면 가장 좋겠습니다. 예뻐지고 싶어서
치장하는 것보다, 생활과 자세를 바로 하고 항상 웃고
운동을 많이 했을 때 더 멋있는 것처럼요.

구조를 만들고 장식을 얹는 게
아니라 좋은 구조는 그 자체로
장식이 될 수 있는 걸까요?

3   1935년생 영국의
건축가. 강철과 유리를 이용해서
매끈하고 현대적인 디자인을
선보인다.

4   1933년 이탈리아
피렌체에서 태어나 영국으로
이주한 건축가. 첨단 기술을
접목해서 기능적이고 현대적인
디자인을 그려내는 것이 특징이다.

5   1937년생 이탈리아
제노바 출신의 건축가. 33세라는
젊은 나이에 리처드 로저스와
함께 퐁피두센터를 설계했다.
대표작으로 뉴욕타임스 본사,
하버드 미술관, 더 샤드 등이 있다.

그렇죠. 좋은 구조는
충분히 장식 이상의 효과를
줄 수 있습니다. 그렇게
생각한다는 점에서 저는
정말 근대주의자예요.
감각적인 분, 표현을
좋아하는 분과 저는 좀
거리가 있어요.

건축을 통해 특별한 깨달음을 얻은 순간이 있었습니까?

일상에서 마주하는 건축이 특별해야 합니다. '일상적인
건축이 특별하다는 게 무엇을 의미할까'라는 화두를
몇 년 전부터 생각했어요. 그즈음 베를린에 갔습니다.
베를린에 하케셔 마르크트(Hackescher Markt)라는
곳이 있어요. 유럽의 보편적 도시 건축 유형을 '페리미터
블록[6]'이라고 합니다. 한 블록의 가운데에 중정이 있고, 그
주변에 쭉 건물이 있는 형식이에요. 잘못하면 폐쇄적인
공간이 됩니다. 돌바닥 위로 나치 군인들의 발자국
소리가 울려 퍼지는 식의 공포스러운 유럽식 중정 느낌이
나게 되죠.

하케셔 마르크트는 그렇지 않았던 건가요?

거기는 사방을 여기저기 뚫어놓았습니다. 어떤 곳은
중정처럼 넓어지다가 길이 나오기도 하고, 길과 중정이
넓어졌다 좁아졌다 하는
복합적 패턴이 지역 전체에
있었습니다. 그걸 보고 '이런
복합적 패턴을 3차원으로
만들면 정말 멋있겠다'고
생각했어요. 구멍이 숭숭

> 6   거리로 둘러싸인
> 가장 작은 도시 공간인 시티 블록
> (city block)의 한 종류. 가운데를
> 비워놓고 사면이 막혀 있는
> 공간을 일컫는다. 유럽 도시의
> 보편적 건축 방식으로 고층 빌딩
> 없이 공간을 밀도 높게 사용할 수
> 있다.

난 해면체 같은 걸 만들어서 공간이 여닫히는 게 가장 도시적인 건축이라는 걸 그때 깨달았어요. 도시 건축의 핵심은 다공질(多孔質)의 조직을 만들어내는 겁니다. 제게는 그때가 건축가로서 상당히 중요한 깨달음의 순간이었어요. 하케셔 마르크트에서는 일단 제 몸이 매우 즐겁게 반응했습니다. 저는 아주 잘 걷는데 백화점 같은 곳에서 걷는 건 별로 좋아하지 않아요. 통제된 동선을 따라가기 때문입니다.

임진영, 건축가 황두진 인터뷰
'다시 모더니즘을 말하다' 중
(오픈하우스서울, 2018)

기획이라는 것은 모든 사람이 다 할 수 있어요. 다시 말해서 기획은 건축가가 상대적으로 비교 우위에 있는 부분이 아니에요. 다만 건축가가 기획을 잘하면 작업에 연속성이 생기니까 좋아요. 건축가가 진심으로 기획의 의도를 최종 디테일까지, 의미 있는 소통까지 끌고 갈 수 있기 때문이에요. (…)

기획 능력을 키우려면 어떻게 해야 하느냐? 매일 같이 훈련을 해야 해요. 우리 사무실에서 16년째 영추포럼을 하잖아요? 사실 기획을 해보자는 것이 큰 이유입니다. 저나 우리 사무실의 기획 역량을 테스트하고 키워볼 좋은 기회를 스스로 갖고 싶기 때문이에요. 물론 어느 정도의 개인적인 독서로 그런 능력을 키울 수 있겠지만, 다양한 분야의 사람들 이야기를 진지하게 경청하고 그들과 직접 대화 나누고, 어떤 주제로 누구를 초대할까 고민하는 과정 모두가 기획이니까요.

결과를 만들어야 하는 일은 태도만으로 되지 않습니다

일할 때는 개인도 시스템이라고 생각한다

건축가 중에서도 건축사무소의 소장은 비즈니스맨이자
사장이기도 합니다. 창작을 할 뿐 아니라 '크리에이티브 팀'이라는
조직도 경영해야 하니 고충도 있을 거라 생각합니다.

내색하지는 않지만 그게 가장 괴로운 일 중 하나입니다.
'이데올로기는 대문 앞에서 멈추는데 경제 문제는
부부의 잠자리를 파고든다'는 말이 있어요. 회사도 딱
그렇습니다. 회사는 어떻게든 생존해야 해요. 기업
규모와 무관하게 생존 문제는 절박합니다. 사업의
문제까지 해결하고 나면 그다음에 '내가 좋은 건축을
하고 있느냐'라는 문제가 또 기다리고 있어요. 오래 잘
살아남았다고 (좋은 건축이) 되는 건 아니지만 생존하지

않으면 건축도 없겠죠.

어려운 만큼 건축사무소가 잘 운영될 때의 성취감도 큽니까?

종종 프로젝트가 꼬여서 일이 굉장히 어려워지고
직원들이 거기서 부당한 고통을 겪을 때가 있어요.
그럴 때 "우리 이건 하지 말자" 같은 결정을 내리기도
합니다. 회사의 장기적인 목표에는 충실하지만 뭔가를
포기하는 결정을 내리는 일이 어렵기도 해요. 그럴 때
직원들이 동의해주면 보람이 있습니다. 스스로를 대단한
경영자라고 생각해본 적이 한 번도 없지만.

**《당신의 서울은 어디입니까》에서는 서울 성곽을 직원과 함께
돌기도 했습니다. 직원들과 막역하게 지내는 것 같아서 좋아
보였습니다.**

요새는 그러면 안 되죠. 그때는 회사가 더 작았고, 그런
일들에 사회적으로 덜 민감하기도 했습니다. 지금은
"토요일에 걸을 건데 같이 가고 싶으면 오세요"라는
말도 해선 안 될 것 같아요. 애매해서 부담스럽죠.
그만큼 세상이 변했고, 바뀐 게 잘못되었다고도
생각하지 않습니다. 다만 창의적인 일을 하는 조직
특유의 딜레마는 있어요. 일사불란하게 과외 활동도

불사하며 우리 조직만의 서브컬처를 만들 것이냐, 아니면
밀도 높게 일하고 헤어지는 조직을 만들 것이냐, 그게
항상 고민이에요. 요즘은 후자로 가는 추세인데 많은
경영자들이 전자를 꿈꿀 거예요. 코뮌처럼 똘똘 뭉쳐서
그 조직 전체가 유연하게 움직이는 걸 원하겠지만 지금
세상이 그렇지 않은 걸 인정해야 할 것 같습니다.

건축가는 훈련받은 전문성으로 건축물을 설계하는 개인인 동시에
건축 법규나 경제 논리 등 끊임없이 시스템을 마주해야 하는
시스템의 일부입니다. 둘 사이의 균형을 어떻게 맞추나요?

안도 다다오[7]가 한 유명한 말이 있어요. "건축가는
조직을 갖춘 개인이다." 굉장히 정확한 표현이에요. 일할
때의 건축가는 개인이 아니라 자기가 만든 시스템의
일부입니다. 건축주들이 그걸 이해하면 굉장히 쉽죠.
건축주가 상대하는 사람이 황두진이라는 개인이
아니라 황두진건축사사무소의 대표라는 걸요. 황두진
건축사사무소의 황두진은
시공 팀과 협력하고
경우에 따라서는 체크도
하고, 그렇게 항상 뭔가를
돌아가게 해주는 시스템의
일부입니다. 개인과

7　　　1941년생 일본의 건축가.
권투 선수로 활동했던 그는 건축을
전문적으로 배운 적이 없지만
근대건축을 대표하는 건축가로
발돋움해 프리츠커상을 수상했다.
빈 공간을 강조해서 단순함의 미를
보여주는 것으로 유명하다.

시스템 사이에서의 균형 감각이 중요합니다. 일할 때는 개인도 시스템이라고 생각해요. 예를 들어 우리 사무실은 비정규전을 잘 못해요. 계약서도 없이 오가는 말만으로 설계하고 시공하고 법도 좀 넘나들고, 그런 걸 잘 못합니다. 우리는 그렇게 생긴 조직이 아니에요. 아무리 작은 것도 계약하고 정규전으로 고려할 거 다 고려하면서 해야죠.

아름답지 않은 손이 훨씬 아름다운 걸 만들어낸다

하루의 일과는 어떻게 되나요?

보통 아침 7시 30분에서 8시에 깨고, 9시에 제 책상에
앉아요. 집과 사무실이 가깝기 때문에 남들보다 2시간이
더 있다고 생각하며 삽니다. 식사 시간을 잘 지킵니다.
12시에 점심 먹고, 저녁은 너무 늦게 먹지 않으려 합니다.
일상의 루틴은 규칙적으로 가져가려 노력합니다. 건축은
자기 스스로 룰을 만들고 그걸 지키거나 의미 있는
방향으로 깨는 작업이에요. 규칙을 만들되 100퍼센트
지키는 게 아니에요. 내가 규칙을 깬다는 사실도, 그
규칙을 깨는 이유도 알아야 합니다. 일상을 조직하는
방식도 비슷하겠죠. 건축가의 마인드로 세상을 사니까요.

어떤 직종이든 루틴을 잘 지키는 사람이 오래가는 편일까요?

루틴은 매일 밀어붙이는 힘이에요. 규칙적으로 사는 게
굉장히 중요하다고 생각해요. 동시에 남의 규칙적인 삶을
방해하거나 섣불리 개입해서도 안 되겠죠. 영감을 받으며
사는 사람에 대한 환상이 있지만 살아보니 다르더라고요.
희고 긴 손가락을 예술적인 손이라고 하지만 실제로
뭔가를 만들어내는 손들은 다 자기가 만들어내는
것보다 못해요. 아름답지 않은 손들이 훨씬 아름다운 걸
만들어내죠.

자신이 속한 사회와 본인의 직업인 건축가 사이에는 어떤 관계가
있을까요?

건축가와 사회는 상호 의존적 관계입니다. '모든 직업이
그런 거 아닙니까' 같은 보편 논리가 아니라, 건축가는
특별히 그렇습니다. 건축가는 그만큼 일해야 하고 할
수 있는 게 많은 직업입니다. 사회는 건축가에게 최선을
다해 일을 잘할 수 있는 환경을 만들어줄 의무와 책임이
있어요. 사회가 손발을 다 묶어놓고 뭔가를 만들어내라고
할 수는 없습니다. 우리 사회에는 사회가 필요로 하는
걸 공급해줄 수 있는 재능 있는 사람이 많은데, 그들이
실제로 그 능력에 걸맞은 기회를 받는 것 같지는 않아요.

좋은 결과를 만들어낼 수 있는 제도에 허점이 많아요.
어떻게 보면 한국의 보편화된 제도들은 그저 고만고만하게
적당한 걸 만드는 데 특화되어 있어요. 그건 개선될 필요가
있어요.

사회가 건축가에게 져야 할 책임이 있다면 건축가들도 나름의
책임이 있을 것 같습니다.

건축가 스스로가 무엇을 하는 사람인지 명확히 알았으면
좋겠습니다. 건축가가 단순 서비스 직종 종사자는
아닙니다. 그렇다고 전지전능하게 위에서 세상을 굽어보며
평가를 하는 사람도 아니에요. 건축은 그 속성상 사회의
제도와 시스템과 자원을 엄청나게 많이 쓰고, 궁극적으로
사회의 미래를 만드는 데 큰 역할을 합니다. 그렇기
때문에 스스로의 정체성을 더 명확히 파악해야 해요.
세상은 굉장히 치열하고 빨리 변합니다. 건축가의 일 역시
표면적으로는 많이 변했지만 길게 보면 핵심은 변하지
않았을 수도 있어요. 늘 스스로의 포지션을 이해해야
합니다.

내 안에 내가 뭘 하는 사람인지에 대한 정의가 있어야겠네요.

건축가의 일을 추상적인 말로 뭉뚱그려 표현하거나 선의로

황두진, «당신의 서울은 어디입니까?» 중, p.5-6

건축이 본래 어떤 영속적인 것에 대한 갈망을 담고 있다면, 이러한 서울의 상황은 대단히 반건축적인 것이 아닐 수 없다. 사람들은 습관처럼 '백 년, 천 년이 가도 끄떡없는 건물'을 이야기하지만, 정말 그렇게 믿는 사람은 없다. 아니 실제 건물은 백 년, 천 년을 갈지 몰라도, 사람들이 그것을 원치 않는다. 불과 십몇 년 된 건물도 헐려나가는 것이 서울이다. 그래서 서울의 건축가는 어떤 가치판단을 내릴 시간이 별로 없다. 동작이 빨라야 하고, 생각보다는 손이 앞서야 한다. 일을 마치면 보람보다 후회가 많이 남는 이유가 바로 이 때문이다. 서울을 둘러보고 있자면, 이 사회가 진정한 의미에서 건축가를 필요로 한다는 생각이 들지 않는다. 북극의 아이스크림 장수 같은 존재, 그것이 바로 서울의 건축가다.

포장하는 경우도 많아요. 그런데 지금은 그럴 때가 아닌 것 같아요. 다른 분야는 그래도 괜찮을지 모르지만 건축은 언어와 현실의 간극이 좀 더 가까워야 해요. (건축을 두고) '문명의 기념비다' 같은 말은 함부로 하는 게 아니죠. 그런 건 세월이 한참 지나고 결과적으로 그렇게 되는 거지, 그런 걸 자신의 행동 강령으로 삼으면 단순 무지한 인간이 됩니다. 어떤 직업이든 스스로에 대해 부풀려진 언어를 경계해야 하는데, 특히 건축가는 의도적으로 그럴 필요가 있습니다. 너무 멋있는 말 하려고 생각하지 말고.

건축 안에 여러 가지 요소와 이야깃거리가 있으니까요. 스스로의 일이 무엇인지 표현하기 좋은 직업인 건 사실입니다.

공학에서 예술까지, 건축을 이루는 여러 요소가 있습니다. 그걸 모두 쪼갠 후에 다시 합친다고 건축이 되지는 않아요. 전체와 부분의 관계가 유기적이기 때문입니다. 건축에서라면 아무리 공학이라도 그 안에 예술 논리가 들어가 있고, 아무리 예술이라도 그 안에 공학과 현실이 들어가 있어요. 건축은 부분을 모아서 이해할 수 있는 것도 '공학과 예술의 만남' 같은 것도 아니에요. 이미 충분히 독립적인 분야로 오래 존재했습니다. 그러니 건축 자체에 대한 유기적인 이야기가 필요합니다. 다른 이야기를 모아서 건축을 설명하거나 이해하려 하면 안 돼요.

집중하지 말라

삶의 스승 혹은 가르침을 준 인물이 있나요?

건축가의 일이 복합적이다 보니 여러 사람에게 다양한
걸 배울 수 있기도
해요. 저와 시간을 많이
보낸 김종성[8] 선생과
김태수[9] 선생이 가장
많이 기억에 남은
두 분입니다. 그리고
기억에 남은 가르침을
준 사람은 엉뚱하지만
비행 교관이었어요.

8   1935년생 한국의 건축가.
미스 반데어로에의 건축사무소에서
일한 유일한 한국인으로, 1984년 서울
힐튼 호텔을 설계했다.

9   1936년생 한국의 건축가.
한국 전통 건축에서 영감을 받아 주변과
어울리도록 설계한 국립현대미술관
과천관이 대표작이다. 미국에서도
활동하며 저소득층을 위한 '밴 블록
주택(Van Block House)'을 설계해서
이목을 끌었다.

살면서 비행기 조종법은 꼭 배워보고 싶어서 미국에 있을
때 비행을 배운 적이 있었거든요.

어디에서나 배울 수 있다지만 비행 교관에게 배울 건축의 교훈도
있나요?

그 사람에게 세 가지를 배웠어요. 처음 수업을 들으러 간
날 바로 함께 비행기로 가서 시동을 걸었습니다. 첫날인데
벌써 비행기를 타냐고 물었더니 "너 비행기 타러 온 거
아니야?"라고 되묻더군요. 이론 수업이 있을 줄 알았다고
했더니 "말도 그렇게 탈래?"라는 답이 돌아왔습니다.
그전까지 배움은 책으로 하는 거라고 생각했는데,
직접 몸을 움직여 배우는 게 중요하다는 사실을 그때
강렬하게 느꼈습니다. 두 번째 교훈은 비가 오거나
해서 비행 훈련을 못하는 날 배웠습니다. 교관은 저를
공항 여기저기로 데려갔습니다. "좋은 파일럿이 되려면
항공이라는 분야를 아는 게 중요하고, 결국은 항공 분야의
사람을 만나는 게 중요하다"라는 논리였어요.

다음 교훈은 무엇이었나요?

세 번째 교훈이 가장 중요했습니다. 비행기를 타고
올라가면 눈앞에 계기판이 있고 그 위로 바깥 경치가

보입니다. 비행을 하다 보면 제가 숙지해야 하는 숫자가 있어요. 그래서 계기판을 뚫어지게 봤어요. 그걸 보던 교관이 옆에서 말했습니다. "비행은 두리번거리면서 하는 거야. 집중하지 마." 저는 그전까지 '집중하지 말라'는 말을 들어본 적이 없었어요.

저도 그런 말을 들어본 적은 없는데요. 의미가 있는 이야기겠죠?

"당신은 지금까지 집중해왔을 것이다. 그런데 연료계만 보고 있으면 앞의 비행기와 충돌한다. 주변만 보고 있으면 연료가 떨어져서 추락하고. 파일럿은 그래서 끊임없이 여러 곳을 살펴야 해." 그게 상황 인식(situational awareness)[10]이에요. 사회생활하면서 엄청나게 도움이 돼요. 지금도 일상에서 가장 큰 도전은 주변 시야와 집중 시야를 동시에 가지는 겁니다. 지금 하는 프로젝트에만 집중하면 월급날 줄 돈이 없어요. 그 짧은 시간에 상황 인식의 중요성을 배웠습니다.

상황 인식은 연습하면 나아지나요?

인식하는 게 중요해요.
인식을 해야 존재합니다.

> 10   시간과 공간 및 전체 맥락을 이해한 뒤 현재를 파악하고 미래 상황을 예측하는 일. 제1차 세계대전 때 나온 개념으로 공군이 되기 위한 필수 자질 중 하나다. 비행, 항공 통제, 항해, 원자력 발전소와 관련한 다양한 분야를 성공적으로 운용하는 데 기반이 되는 개념이다.

결과를 만들어야 하는 일은 태도만으로 되지 않습니다

실제로 있다 해도 인식하지 못하면 존재하지 않는 것과 다름없어요. '이런 게 있다'는 걸 아는 게 큰 도움이 된다는 거죠. '상황 인식이라는 게 있다'는 개념을 알고 나면 자기가 상황 인식을 할 가능성이 높아지는 거고요.

좋은 건축을 만들기 위해 신경 쓰고 배워야 할 건 무엇이 있을까요?

프로젝트와 자기 사이의 거리를 끊임없이 다양하게 조율할 수 있는 능력입니다. 일에 매몰된다고 좋은 게 아니에요. 건축주는 건축가가 만사 제치고 내 일만 챙기는 상황을 좋아할지도 모르겠지만 그러면 근시안적 설계를 하게 돼요. 좋은 프로젝트를 위해서는 맨눈과 망원렌즈와 현미경이 모두 필요합니다. 건축은 짧아도 몇 달, 길면 몇 년을 하니까요.

조율을 잘하기 위해 추천할 훈련법도 있을까요?

다른 분야의 책을 읽다 보면 그 안에서 역설적으로 어느 순간 내 프로젝트가 보일 때가 있어요. 천체 과학 책을 읽다가 어느 건물이 생각나기도 합니다. 매일같이 그 삶을 반복해서 체화해야 다른 책 사이에서도 뭔가가 보이지, 프로젝트를 시작하고 나서 문화적으로 산다고 뭔가 되는 건 아닙니다. 뭘 해도 건축이고 뭘 해도 건축이 아닌 거죠.

지루할 정도로 바라보는 시간이 있어야 한다

지금까지의 이야기를 듣다 보니 모든 건축가는 자신만의 철학이
필요한가 싶기도 합니다.

> 철학을 간단히 말하면 '내가 세상을 살아가는 일관적이고
> 체계화된 생각'일 겁니다. 그런 철학은 필요하겠죠.
> 그 철학이 좋아야 할 거고요. 건축가가 활동하면 끊임없이
> 철학도 변할 거예요. 세월이 지나면 드러나겠죠.
> 내 철학이 나를 발전시켰는지, 아니면 내가 그 안에
> 매몰되어 있었는지. 그건 본인이 냉정하게 생각해봐야죠.
> 굉장히 중요한 생각인 줄 알았는데 지나고 보니 별로 득이
> 되지 않았던 생각이 제게도 있었거든요. 그런 걸 스스로
> 끊임없이 비교하고 분석해야 할 겁니다.

건축가를 꿈꾸는 학생과 건축을 이용할 시민들에게 전할 말이 있나요?

> 모든 인지 활동의 바탕과 시작에 관찰이 있습니다. 관찰을 잘하면 쌀 한 톨에도 우주가 있어요. 관찰을 제외하면 아무 이야기도 할 수 없습니다. 지루할 정도로 바라보는 시간이 있어야 합니다.

어떤 건축가로 기억되고 싶습니까?

> 개별 건물이 훌륭한 것을 넘어, 그 건물들이 모여 하나의 별자리를 이루었으면 싶죠. 그 별자리에는 건축뿐 아니라 제가 쓴 글 같은 것도 들어올 수 있습니다. 자기 별자리를 남긴 사람으로 기억되고 싶습니다.

건축을 할 때 가장 짜릿한 순간은 언제인가요?

> 음악 공연에는 클라이맥스가 있잖아요. 그런데 건축은 한 번 보자기로 덮었다 걷어내면 되는 것도 아니고, 이 건물의 결정적 순간이라는 게 없어요. 그냥 바람과 비와 눈을 맞아 가며 조금씩 완성됩니다. 다만 이럴 때는 있습니다. 건물이 완공되고 사람들이 이사해 들어오면 이 건물이 갑자기 내 것이 아닌 게 됩니다. 공사할 때

거기 있는 사람은 다 제가 누군지 알지만 공사가 끝나고
시간이 어느 정도 지나서 현장을 찾으면 나를 아는
사람이 없죠. 그런데 그 건물의 일상은 시작되었습니다.
내가 모르는 사람들이 공간을 채워서 움직이고 있고,
내가 누군지도 모르고, 그때 저와는 무관하게 이 건물이
자기 삶을 살기 시작한 거예요. 그때 좀 짜릿합니다.
건물에게 '그래, 잘 살아라' 하는 그 기분이 되게 좋아요.

황두진은 1963년 서울에서 태어났다. 서울대학교 건축과와
대학원을 졸업하고 미국 예일대학교에서 유학했다. 재미
건축가 김태수 사무실에서 일하고 2000년 서울에 자신의
건축설계사무소를 열었다.

—

황두진은 서울에서 다양한 종류의 건축을 진행했다. 주요
설계작으로 출판사 열린책들 사옥, 북촌의 한옥들, 낙원동의
춘원당한의원과 춘원당한방박물관, 프로 배구단인 현대캐피탈의
클럽하우스 캐슬 오브 스카이워커스 등이 있다.

황두진은 한옥과 서양 건축 분야 양측에서 성과를 인정받았다.
2007년 한옥 취죽당으로 대한민국 목조건축대전 특선에
올랐다. 2009년 북촌 한옥 프로젝트로 유네스코 아시아태평양
문화유산상을 받았다. 캐슬 오브 스카이워커스는 2015년
한국공간구조학회 작품상과 2018년 한국건축가협회 특별상
김종성 건축상을 수상했다.

—

황두진을 이루는 또 하나의 요소는 도서 집필이다. 그는 2005년
《당신의 서울은 어디입니까》를 시작으로 《한옥이 돌아왔다》,
《한옥에 살어리랏다》, 《무지개떡 건축》, 《가장 도시적인 삶》,
《공원 사수 대작전》 등의 책을 썼다. 페이스북과 인스타그램 등
SNS 활동도 활발하다.

—

instagram @*hwangdoojin_official*

황두진
Doojin Hwang

"

세계적인 조경 디자이너 캐스린 구스타프슨(Kathryn
Gustafson)을 처음 만났을 때 그에게 슬럼프를 극복한 적이
있는지 물어봤습니다. 그가 슬럼프에서 빠져나온 방법은
그 순간 가장 관심 가는 주제를 공부하는 것이었습니다.
복잡한 상황에 놓이니 아프리카 미술의 원초적 아름다움에
끌린 모양이에요. 처음엔 책을 사서 봤는데, 본인이 워낙
문화예술계의 거물이니까 '캐스린이 요즘 아프리카
미술 책을 읽는다'는 소식을 듣고 주변에 사람들이
연결되었습니다. 전시회를 같이 가자는 사람, 여행을 같이 간
사람도 있대요. 그게 계속되어 탄자니아 출신의 영국 건축가
데이비드 아자예와 함께 작업하게 되었고, 워싱턴 D.C.에
있는 국립 아프리칸아메리칸 역사문화박물관 현상설계에
당선되었어요. 슬럼프에서 빠져나오려고 했던 공부가
직업적 성취로 연결되었습니다. 어차피 우리는 항상 어딘가
슬럼프에 빠져 있잖아요. 자신이 관심 있는 주제에 대해
열린 상태로 공부하고 있어야 하는 거죠.
정말 큰 배움이었어요.

"

건축가의 힘과 마음
조재원, 건축가

몇 해 전 샘터 사옥[1] 리노베이션 프로젝트의 설계를 맡았다. 샘터 사옥은 건축가 김수근의 1979년 작품으로 완공 후 39년 만에 건물의 소유주가 바뀌면서 맞은 변화였다. 건물 1층의 샘터 광장은 이 건축물을 도시 차원에서 의미 있게 만드는 상징적인 입구다. 민간 소유 건물로는 드물게 공공적 태도를 취하기

1
2017년 8월, 공공그라운드(건축물의 문화적 가치와 수익을 함께 추구한다는 목표를 내건 부동산 임팩트 투자회사)가 매입했다. 현재는 샘터 사옥의 역사성을 보존하는 한편 미래 세대를 위한 가치를 만들어내는 대안학교, 도서관, 스타트업 공유 사무실 등에 공간을 임대하고 있다. 현재 '공공일호'라고 불린다. 기존 샘터 본사는 혜화동 근처로 이전했다.

때문이다. 상업 용도로 차 있어야 할 1층을 비워 사방으로 길을 열고 보행자가 드나들 수 있도록 했다. 계획을 의뢰받고 첫 답사를 위해 이곳에 들어서자 대학을 졸업하던 해 어느 날 이곳에 서 있던 나와 그날의 비 오던 대학로가 떠올랐다. 손으로 만든 포트폴리오를 들고, 당시 샘터 사옥에 있던 설계사무소 이로재에서 면접을 보고 나온 길이었다. 그로부터 25년 뒤, 내가 건축가로서 샘터 사옥을 새로이 계획하기 위해 이곳을 다시 찾게 될 줄 상상이나 했을까.

대학을 졸업하고 1년 가까이 아틀리에에 취업하고자 여러 곳에 지원했지만 자리를 얻지 못했다. 명망 있는 건축가가 출근하기를 기다렸다가 지원 포부가 담긴 손편지를 써서 건넨 적도 있다. 작은 조직에서 여자 직원 뽑는 일이 쉽지 않던 때다. 내 포트폴리오가 그 우려를 잠식시키지 못했을 것이다. 대학 시절, 그리고 실무를 하다가 공부를 다시 시작한 암스테르담에서의 대학원 시절에도, 나는 설계를 잘하는 학생이 아니었다. '좋은 건축은 무엇인가'라는 질문은 내게 '좋은 삶은 무엇인가'라는 질문과도 같았다. 좋은 삶은 무엇이며 그걸 어떻게 건축의 형태와 재료로 답해야 할지 막연해하다가, 막판에 쥐어짜듯 낸 답들이 학생 시절의 내 포트폴리오였다. 그저 물성을 고민해야 할 때 개념과 말에 집착했고, 과감히 상상해야 할 때 디테일에 집착하느라 늘 마감 시간을 놓치곤 했다.

패트릭 스웨이지와 데미 무어의 죽음을 넘은 애틋한 사랑을 다룬 〈사랑과 영혼(Ghost)〉은 내게 다소 엉뚱한 대목으로 인상 깊은 영화다. 영화의 어떤 장면보다 신참 유령이 된 남자 주인 공이 경험 많은 선배 유령을 따라 벽을 스윽 통과하려다 부딪혀 쓰러지는 장면이 내내 기억에 남았다. 유령이 벽을 통과하는 일이 마치 물질과 생각의 경계를 자유롭게 넘나들고, 스스로를 자기가 아닌 다른 사람 혹은 외부 세계에 이입해야 하는 건축가의 소양, 즉 '건축가력'과 동일하게 느껴졌다. 그리고 설계가 막막해질 때마다 벽에 부딪혀 바닥에 내동댕이쳐지는 주인공의 모습에 내가 오버랩되었다. 어렸을 때는 거장 건축가들의 천재성이 부러웠다. 하지만 나이가 들고 경험을 쌓을수록 타고난 천재성이나 훌륭한 건축가가 되는 지름길 같은 건 없다고 느꼈다. 대신 건축가의 삶과 유리되지 않은 잘 지은 건축물을 보며, 그곳에서 수없이 부딪혀도 실패를 두려워하지 않았을 건축가의 용기와 집요함을 읽어내고 감동하게 되었다.

건축가는 손으로, 또 몸으로 생각하는 직업이다. 멋진 철학이나 문학은 영혼을 깨우지만 물리 세계에서는 먼지 한 줌조차 옮기지 못한다. 건축은 생각으로 벽돌을 쌓고, 콘크리트를 붓고, 도시 속 물과 바람의 방향을 바꾸는 일이다. 종종 '스케치 한 장만 달라'는 요청을 받고 당혹할 때가 있다. 건축가의 스케치는 그림이 아니다. 아이디어도 아니다. 현실 세계에서 우리가 살아가는 조건, 물성과 물리, 그리고 중력이 작용하는 세계에 영향을 미치는 힘들을 담은 것이다. 이는 현재의 소유자, 사용자의 이해를 넘어 미래의 사용자에게도 미칠 힘이다. 건축가의 도구 중 가장 중요한 것 중 하나가 스케일(scale)이다. 삼각기둥 모양의 자인데 세 개의 면, 여섯 개의 모서리에 각각 백분의 일, 삼백분의 일 등 여러 축척의 눈금이 매겨져 있다. 현실 세계에 일대일 비율로 지어질 건축과 도시 공간을 미리 가늠하기 위해 건축가가 넘나들어야 하는 축척은 다양하다. 자신의 경험을 훌쩍 넘는 시간과 공간의 스케일을 '계획'하기 위해 가장 유효한 건축가의 도구는 결국 자신의 몸이다. 건축계획은 매우 정직한 노동의 결과다. 건축가는 공부와 실무를 통해 자신의 몸과 감각을 개인 차원을 넘어서 공적인 도구로 단련하는 훈련을 거듭하게 된다.

대학에서 건축을 전공한 사람이 선택할 수 있는 커리어 패스는 설계, 시공, 구조 등 다양하다. 건축설계 분야로 한정해도 업에 대한 정의와 태도가 다양하고 일하는 방식도 다 다르다. 학부 졸업 후 첫 4년여를 세 곳의 설계사무소를 옮겨 다니며 일했다. 사무실의 한 선배는 "건축은 법규"라고 말했고, 다른 선배는 "십분의 일 디테일에 건축이 있다"라고도 했다. 계획 안 다섯 개 각각의 면적표와 주차 대수 산정표를 만드느라 밤을 새우면서 정작 그 안이 어떤 좋은 삶을 제안하고 있는지 생각할 여지는 없었다. 일상적으로 반복되는 실무 영역을 넘어서는 곳에 더 넓은 건축의 영토가 있을 것 같다는 생각이 들었다. '건축가는 자본가의 시녀다.' 자조적으로 회자되던 이 말을 곱씹는 날이 많아지던 어느 즈음, 유학을 결심하고 두 달 만에 한국을 떠났다.

암스테르담에서 보낸 3년은 낯선 정주(定住)[2] 환경이라는 일상 자체가 공부였다. 마침 유학 당시 네덜란드는 경기 활황기를 맞아 민간 주도의 도시 개발이 활기를 띠고 있었고, 암스테르담에서는 건축과 도시에 대한 논의가 도전적으로 진행되고 있었다. 건축을 우리가 사는 환경에 영향을 주는 모든 행위라고 넓게 정의하고 건축가의 역할을 적극적으로 모색하는 것에서 큰 자극을 받았다. '좋은 도시는 어떻게 만들어질까', '건축가는 이 과정에 어떻게 개입할까', '누가 건축가의 아이디어를 사줄까' 등 다양한 질문이 뒤따랐다. 이때의 경험은 주어진 문제 해결에서 나아가, 무엇이 문제인지 능동적으로 정의하는 것을 작업의 시작으로 삼는 계기가 되었다. 암스테르담 이후에도 여전히 매 프로젝트마다 단단한 벽을 만나길 거듭했다. 그러나, 스스로 과업을 정의하는 능동적인 태도는 독립해서 사무실을

2
인간이 일정 지역을 터전 삼아 살아가는 일.

열고 지금까지 막힌 벽 앞에 머물지 않고 꾸준히 성장하는 동력이 되었다. 세계 도시들이 경쟁적으로 소위 '스타 건축가'를 초대하고 그들의 시그니처를 도시의 트로피로 삼으려 하지만, 건축은 기본적으로 현지의 정치, 경제, 사회, 문화라는 토양에서 자라는 나무다. 암스테르담에서의 시간은 내게 충분한 자극을 주었지만, 실은 심기일전해 돌아와서 실무를 이어가는 일에 더 기대가 컸다. 짧은 유학 생활을 마치고 돌아온 한국은 1997년 외환 위기를 지나며 건설업과 건축설계업이 전면 재편된 상태였다. 실무 환경은 떠날 때보다 악화되었고, 설계 조직과 프로세스도 바뀌었다. 외환위기 이전에는 수주를 위한 기획설계를 포함한 설계의 전 과정이 한 팀 안에서 이루어지며 도제식 교육을 병행했다면, 이제는 현상 설계 등을 통해 수주를 하는 팀과 실시설계 팀이 분리되어 수주 경쟁에 효과적으로 대응해야 했다. 나는 대형 사무실을 다니면서 고모에게 빌렸던 유학 자금을 매달 갚았고, 마지막 송금을 마치자마자 독립했다.

2년 정도 비어 있던 고등학교 절친의 본가 거실을 첫 사무실 삼아 개업했다. 무엇보다 월 급여에 따라 한 달 주기로 꾸려오던 삶의 대차대조표를 가치 중심으로 전환하는 일이 어려웠다. 몇 년이 걸리든 목표를 정하고 성과를 거둬야 했다. 쉽게 말해 돈을 벌지 못한 채 상당 시간이 흘러도 '아직 손익분기점에 달하지 못했을 뿐'이라고 불안을 달래가며, 지속적으로 동기부여할 수 있는 인내의 마음가짐이 필요했다. 사무실 이름은 공일(0_1)로 지었다. 아무것도 없는 것과 처음 생기는 것의 사이라는 뜻이다. 건축과 도시를 결과가 아닌 변화의 과정으로 보고, 아직 형식을 채 갖추지 못한 사회적 필요를 포착하고 그 내용을 담은 첫 집을 계획하는 사무소가 되겠다는 의미였다. 학교에서 설계를 가르치며 학생을 만났고, 여러 사무실과 협업해 신도시 마스터플랜을 계획했고, 다도해 섬의 활용 방안을 구상했다. 때로는 마당의 잔디를 깎기도 했다. 내게는 그 모든 일이 건축가로서의 실무였지만 '처음 생기는 것', 내가 그린 선이 진짜 벽이 되고 그것이 지붕으로 덮일 날은 언제 올까 불안한 날도 많았다.

독립 후 처음으로 프로젝트를 의뢰한 건축주는 고모와 고모부다. 그들은 신혼 여행지였던 제주도에 세컨드 홈을 짓겠다고 했다. 당시 고모 부부는 미국에 살고 있었다. 나는 땅을 구하고, 설계를 하고, 시공업체를 섭외해 계약하고, 감리까지 수행했다. 건축가이자 건축주 역할을 2년 남짓 동시에 한 셈이다. 삼나무를 제재(製材)[3]해서 가구까지 만들고 설치한 뒤에야 건축주인 고모 부부가 땅과 집을 처음 찾았다. 서른 평이 채 안

3
베어 낸 나무로 재목(材木)을 만드는 행위.

되는 주택 모형을 얼마나 많이 만들었던지 설계를 마칠 무렵에는 책상 한가득 모형이 쌓였다. 내 이름(credit)으로 지어지는 첫 건물이라 기대는 컸고, 건축주에게 위임받은 권한만큼 책임은 무거웠다. 0과 1 사이를 오가며 수많은 대안을 연구한 끝에 어쩌면 가장 단순하고 명쾌한 형태의 집을 지었다. 동쪽으로 뻗은 거실 마루에서는 한라산이 보이고 침실은 북쪽을 향해 두었다. 땅을 깎아내거나 메우지 않기 위해 지면에서 1.5 미터 정도 띄워 지은 L자 모양의 집이라서 '플로팅엘(Floating L)'[4]이라고 이름 지었다. 바둑판의 간결한 질서가 무한한 수를 만들 듯, 밖에서 볼 때는 본래 거기 있던 것처럼 자연스럽지만 안에서 바라보는 빛과 바람으로 매일 매 순간 다른 공간처럼 느껴지기를 바랐다.

귤나무와 집이 사계절을 채우는 비, 바람, 빛을 사이좋게 나누는 사이 10년이 지났다. 매년 5월이면 귤꽃이 피고 11월이면 푸른 귤이 주홍으로 무르익기를 반복하는 동안 고모부는 돌아가셨고, 청정 지역이라 때가 타지 않을 거라 생각했던 드라이

4
'플로팅엘'은 2010년 제주건축문화대상 주거 부문 본상을 받았다.

비트[5] 외벽도 거뭇거뭇해졌다. 그 이후로 제주의 다른 곳, 강원도 평창, 경기도 여주 등 다양한 곳의 아름다운 땅에서 새로운 삶을 기획하는 건축주를 만나 함께 집을 계획했다. 제주에서 첫 집을 짓고 그곳에서 하루하루를 보내는 동안 누린 풍성한 순간들, 집과 건축만이 삶에 보탤 수 있는 '좋은 것'을 나누고 싶은 마음은 건축주와 프로젝트를 대하는 나의 기본 태도가 되었다.

일하는 사람은 프로젝트를 통해 성장한다. 그래서 좋은 일을 할 수 있는 기회는 백 마디 격려를 넘어선다. 대지의 고유한 조건, 건축주와의 가치 공유는 프로젝트의 향방을 가늠하는 중요한 요소다. 건축가는 보이는 것을 만져서 보이지 않는 삶의 가치를 실현하고자 노력한다. 그 노력을 읽어주는 건축주를 만나는 것은 건축가와 그 팀의 성장에 기폭제가 된다. 나와 우리 사무실에게 협업 플랫폼 카우앤독(Cow&Dog)을 함께 계획한 건축주와의 만남이 그랬다. 이 프로젝트는 동네, 마을의 미래 모델로서 유연한 공동체를 형성하는 새로운 사회 공간에 대한 내 오랜 관심을 실현해볼 기회였고, 이를 계기로 그 주제를 지

5
미국 드라이비트(Dryvit)사에서 개발한 외단열 공법으로, 정식 명칭은 외단열 미장 마감공법(EIFS)이다. 건물의 외벽 공사를 마감할 때 단열재 위에 메시(mesh)와 모르타르(mortar)를 덮고 도료로 마감하는 방식.

건축가의 힘과 마음

속적으로 탐구할 수 있었다. 좋은 프로젝트의 기회는 우연인 듯 주어지지만 실은 '능동적 기다림'의 결과라고 생각한다. 나를 성장시켜온 동력의 반은 나를 신뢰해 프로젝트를 맡긴 건축주에게, 나머지 반은 누가 일을 주지 않아도 스스로 일을 만들 수 있어야 한다는 깨달음에 있다. 답을 내기보다는 의미 있는 질문을 던지고, 그 질문을 공유하고 같이 풀어보자고 나와 건축주와 사회를 설득하는 건축가가 되고 싶다. 내게는 '좋은 건축'과 '좋은 삶'이 같은 말이다.

설계사무소 1년차 신입일 때, 계수기 없이 손으로 촤르르르 돈을 세는 은행원을 보노라면 콧등이 시큰해지곤 했다. 나는 언제 내 일을 능숙하게 해보나 하는 아득한 마음이 들어서였다. 고백건대 그런 날은 아직 오지 않았다. 다만 막막한 가운데 길을 내고, 길 끝에 새로운 영토와 새로운 나, 그리고 새로운 동료를 만나는 것의 진지한 재미를 알게 되었을 뿐. 리베카 솔닛은 《걷기의 인문학》에서 '걷기는 수단인 동시에 목적이며, 여행인 동시에 목적지다'라고 썼다. 건축가로서 내 일의 본질은 상상 속에 이어지는 공간을, 자연과 도시를, 가파르거나 평평한 길을 걷고 또 걷는 일이다.

조재원은 수원에서 태어났다. 연세대학교 건축공학과를
졸업하고, 공간과 신도시 건축사사무소에서 근무하다가 네덜란드
암스테르담의 베를라헤 인스티튜트(The Berlage Institute)에서
석사과정을 수료했다.

—

개인과 공동체의 삶에 적정한, 지속 가능한 가치를 더하는 사회적
공간을 탐구하고 실현하는 일에 관심을 두고 있다. 근작으로는
(구)샘터 사옥을 리노베이션한 공공그라운드 공공일호, 한화생명
강남 사옥을 리노베이션한 코워킹오피스 드림플러스 강남이
있다. 2010년 제주 돌집 플로팅엘로 제주건축문화대상 본상,
2011년 대구 어울림극장으로 공공디자인 대상, 그리고 2016년
코워킹 플랫폼 카우앤독으로 서울시건축상을 수상했다.

—

2012년부터 2016년까지 서울시 공공건축가로 활동했고,
2018년 연세미래여성지도자 100인에 선정되었다. 2017년부터
2018년까지 《중앙일보》에 '이달의 예술 – 건축' 칼럼을 기고했다.

—

2002년 공일스튜디오(현 공일스튜디오 건축사사무소)를 세워
대표 건축가로 일하고 있다.

—

twitter @*citysoul*

**Keiji
Ashizawa**

아시자와
게이지

Tokyo

아시자와 게이지는 일본의 건축가이자 가구 및 인테리어 디자이
어떤 장소가 가진 잠재력을 발견하고, 그것을 매력적인 방향으
지역의 자립에 도움을 주고자 이시노마키 공방을 만들었고, 2014
운 라이프스타일을 제안하고 있다. 그는 건축가가 적극적으로 참

획자 그리고 기업가다. 그는 자신의 다양한 역할이 궁극적으로는
구는 데 있다고 말한다. 2011년 동일본대지진을 계기로 피해
려는 이시노마키 공방을 가구 브랜드 주식회사로 전환하여 새로
혀 할수록 지역이 더욱 아름다워질 수 있다고 말한다.

현장에서 직접 경험하세요, 이왕이면 사람들과 함께

도쿄 이시노마키 공방 쇼룸,
2019년 11월 12일 오전 9시 30분

최근 화제가 된 작업이 있다면 소개해주세요.

얼마 전부터 상업 공간을 다루는 프로젝트가 부쩍
늘었습니다. 최근에는 도쿄 하라주쿠에 오픈한 닷컴
스페이스 도쿄(dotcom space Tokyo)[1]라는 카페의
내부를 설계해서 제가
공동 운영하는 이시노마키
공방(石巻工房)[2]의 가구로
채웠습니다. 카페지만
다목적 오픈 스페이스에
가까워서 전시회를
열거나 워크숍을 개최하는

1 　　　 도쿄 시부야에 있는 카페
스타일의 공유 공간. 디자인과 첨단
기술을 결합한 장소로 바리스타의
기술을 복제해서 적용한 자동 드립
커피 기계가 구비되어 있다.

2 　　　 2011년 동일본대지진으로
피해 입은 지역공동체를 위한 공공
워크숍에서 시작된 가구 공방.

등 다양한 용도로 사용되며 화제가 된 곳이에요.
아시자와 게이지라는 이름 때문이라기보다는 장소
자체가 가진 매력이 크죠. 닷컴 스페이스 도쿄 같은
성격의 공간을 디자인하는 일은 생각보다 어려워요.
다양한 목적으로 사용되어야 하기 때문에 지나치게
꾸며도 곤란하고, 디자인을 전혀 안 할 수도 없거든요.

건축, 인테리어, 큐레이팅, 가구 디자인, 공방 운영 등 폭넓은
활동을 이어가고 있는데요. 비중으로 보면 어떤 분야가 가장
주된 일인가요?

건축과 인테리어, 공간 전체를 다루는 일입니다.
신축뿐 아니라 리노베이션 프로젝트도 많아요.
가구 디자인을 단독으로 진행하는 일은 전체 일의
20퍼센트 정도를 차지해요. 이시노마키 공방을
포함해서요. 현재 저와 함께 일하는 아홉 명의 스태프
중 한 명이 가구 디자인 담당이고 나머지 여덟 명은
건축설계 팀이에요. 물론 작업 중인 건축물 내부에
들어가는 가구 전부를 저와 가구 팀에서 맡을 수는
없는지라 설계 팀과 상의하면서 가구 작업을 진행할
때도 있고요.

당신이 쌓아온 경력에 대해서 듣고 싶어요.

도쿄에서 나고 자랐어요. 대기업에서 설계 업무를 맡고 계셨던 아버지의 영향도 없지는 않겠지만, 단순히 그것만으로 건축가의 길을 선택하지는 않았어요. 막연히 변호사나 의사 또는 건축가 중 하나로 좁히면 되겠다고 종종 생각했습니다. 그중에서도 건축으로 진로를 정한 이유는 워낙 오래전 일이라 잊어버렸지만요. 그렇게 대학에서 건축을 전공했고, 교수의 권유로 그가 운영하던 아키텍처 워크숍(architecture WORKSHOP)[3]이라는 설계사무소에서 일했습니다.

그 후 금속을 전문으로 다루는 디자인 팀 수퍼로봇에 합류했죠?

수퍼로봇(Super Robot)[4]과의 관계는 아키텍처 워크숍에서 일할 때부터 시작되었어요. 설계 사무소에서는 계속 도면만 그린 데다 건물 또는 그 안에 들어가는 집기를 처음부터 끝까지 직접 완성하는 일이 드물다 보니 마음 한구석이 헛헛하더군요. 건물 안에 들어갈 가구를

3   1995년 건축가 고 기타야마(Kitayama Koh)가 도쿄에 설립한 건축사무소. 아파트, 공공건물, 개인 사옥 등 넓은 범주의 건축설계를 담당한다. 주로 일본 국내에서 활동하며 저렴한 예산으로 지어진 케이하우스(K-House), 요요기 아파트, 롯폰기 1가역 3번 출구 등을 설계했다.

4   일본 도쿄에 위치한 금속 가구를 제작하는 기업. 원목에 청동, 은, 강철 등 다양한 종류의 금속을 더해서 의자, 탁자, 소파 등을 만든다.

디자인하거나 개인적으로 의뢰를 받아 상업 공간을
설계하면서 뭐랄까, 더 '제대로' 만들고 싶어졌어요.
요리에 빗대어 말하자면, 레스토랑을 프로듀스하는 것과
셰프가 되어 직접 요리하는 것은 전혀 다른 일이잖아요?
'레스토랑을 프로듀스할 때 이왕이면 요리까지
같이해버리면 어떨까?' 하는 생각이 든 거죠. 그렇게
시작된 수퍼로봇과의 인연이 깊어지면서 자연스럽게 첫
직장을 그만두게 되었어요.

가토 준(Jun Kato), ‹‘정직한 디자인’이 가진
힘과 가능성(The potential of 'Honest
Design')›, 아시자와 게이지 작품집 «정직한
디자인(On Honest Design: The Design
Works Collection of KEIJI ASHIZAWA» 중

수퍼로봇에서 활동한 2년이 아시자와에게 미친 영향은 매우 크다. 우선 '철'이라는 소재에 이해가 깊어졌다. 그는 작품을 제작하며 철의 두께와 강도, 가공 공정을 몸소 익혔다. 또한 디자인 현장에서 디테일까지 직접 확인하고 아이디어를 확정해나가는 스타일은 디자인뿐 아니라 다른 결정을 내릴 때도 중요하게 작용하고 있다. 아시자와는 장 프루베의 "건축가의 사무실은 무조건 부자재를 제조하는 공장과 주소가 같아야 한다"라는 말을 자주 인용한다.

디자인의 현장을 제대로 파악한 후 마지막 결정을 내리는 일은 공사 현장에서의 혼란을 줄이는 데도 물론 중요하지만, 무엇보다 새로운 물건을 만들어내기 위한 토양을 단단하게 만들기에 더 중요하다. 그는 자신의 작품을 발표하고 평가받는 해외 현장으로 눈을 돌리고 건축업계의 틀에 얽매이지 않는 활동을 적극적으로 전개하고 있다.

재미와 의미를 찾아 독립하다

2005년 아시자와 게이지 건축설계사무소를 설립하며
독립했습니다. 그리고 2년 후 도쿄 분쿄구, 고이시가와(小石川)의
조용한 주택가에 건축설계사무소를 마련했고요. 오래된 건물을
건물주와 합의하에 리뉴얼했다고 들었어요. 이 지역을 거점으로
삼은 특별한 이유가 있을까요?

　　近처 고등학교에 다녔거든요. 역 주변 분위기나 어떤
　　사람들이 살고 있는지 등을 얄팍하게나마 알고 있었어요.
　　교통이나 시설 면에서 매우 편리한 지역인데 그에 비해
　　임대료는 저렴한 편이라는 점 또한 메리트였고요.
　　되도록 1층에 사무실을 마련하고 싶었어요. 지나가는
　　사람들이 우리가 하는 일을 자연스럽게 보고 흥미를

느꼈으면 했으니까요. 고이시가와는 역사가 깊고 조용한 주택가인 동시에 조금만 바깥으로 나가면 도쿄돔과 유원지인 고라쿠엔이 있어서 분위기가 독특한 곳이에요. 조용하면서도 매우 활기찬 곳이죠. 어린 시절에도 등하굣길에 주변을 둘러보면서 현지인과 외지인의 비율이 절묘한 곳이라고 생각했어요. 주말이면 전국에서 사람들이 몰려들다가도 골목 안으로 조금만 들어가면 조용히 산책할 수 있는 길이 나타나죠.

지금은 문을 닫았지만 2년간 갤러리 고이시가와를 운영한 바 있습니다. 고이시가와에 있는 이시노마키 공방 쇼룸 2층에도 게스트룸을 마련하고 디자인 워크숍을 진행하는 등 각국 디자이너들이 교류할 수 있는 장을 만들었어요. 어떤 면에서는 누구보다 고이시가와를 잘 활용하는 분이 아닐까 싶어요.

주변에 가게나 사무소를 오픈하려는 사람이 있으면 최대한 도우려고 해요. 동네를 잘 알고 있으니까요. 가끔 "일을 의뢰하고 싶어도 비쌀 것 같아서 연락하지 못했다"라는 말을 듣는데, 얼마 전 이 근처에 오픈한 초밥 전문점은 설계료를 50퍼센트만 받고 작업했어요. 시공업체도 최대한 저렴한 곳을 찾고 또 찾았고요.

어떻게든 건축주를 고이시가와에 붙잡아두고 싶었나 봐요.

비용 등의 문제로 결정을 내리기 어려울 땐 돕기도 하고,
공간 완성 후에는 저도 고객이 되어서 즐겨 찾아요.
결과적으로 고이시가와가 더욱 매력적인 곳으로 변할
수 있다면 목표 하나는 이룬 셈이죠. 건축가, 다시 말해
설계할 수 있는 사람이 적극적으로 참여하면 지역이 더욱
아름다워질 수 있다고 생각해요. 주변 환경까지 아울러
공간에 대해 폭넓게 생각하니까요.

독립 후에는 어떤 변화가 있었나요?

막 독립했을 때는 들어오는 의뢰란 의뢰는 무조건
받았어요. 보수가 저렴해도 어떻게든 재미를 찾아내려
했죠. 이제는 저를 포함해서 함께 일하는 스태프가 열
명으로 늘었기 때문에 그만큼 용기 내서 거절해야만 하는
일도 있다고 생각하지만요. 건축사무소치고는 꽤 다양한
일을 하는 편인데, 역시 마음을 움직이는 건 '재미'가
있느냐예요. 직감적으로 재미를 느끼는 프로젝트가
있거든요. 얼마 전에는 키누타 테라스라는 아파트를
리노베이션하는 프로젝트가 있었어요. 건물 외벽 컬러를
바꾸고 내부 공간과 랜드스케이프(landscape)를
정리하는 일이었죠. 평소에 알던 회사에서 들어온 익숙한
일이었는데 완성하고 보니 예상 이상으로 반응이 좋았죠.
저도 만족스러웠고요. 인테리어를 진행할 때는 일본의

가구 브랜드 카리모쿠(Karimoku)[5], 덴마크의 건축사무소
놈 아키텍츠(Norm Architects)[6]에 함께하자고
제안했습니다. 세 회사가 함께하면서 프로젝트의
퀄리티가 눈에 띄게 좋아져서 주목을 받은 거라고
생각해요.

지난 9월에 론칭한 카리모쿠 케이스 스터디(Karimoku Case
Study)를 키누타 테라스의 연장선으로 봐도 될까요?

그렇습니다. 카리모쿠와는 작업한 지 3년쯤 되었어요.
그들에게 놈 아키텍츠를 소개했죠. 어떤 프로젝트가
가능할까 도모하던 중에 '가구는 누구를, 무엇을 위해
존재해야만 할까?' 하는 생각이 들더군요. 건축가가
지녀야 할 책임감이랄까요. 공간을 만들면서 그 안에
들어가는 가구를 소홀히 해서는 안 되겠다 싶었죠.

건축가라서, 또 공간을
다루는 사람이기 때문에
비로소 완성 가능한
가구를 깊이 연구하고
싶어요. 가구를 다루는
일에는 건축과는 다른
어려움도 많습니다. 가끔
"게이지, 이번에는 소파를

5   1940년 목공소로 시작한
목재 가구 브랜드. 1964년에 가구
판매 주식회사를 설립해서 일본
전역에 가구를 선보였고 1972년에는
일본 최고의 목재 가구 업체로
인정받기도 했다.

6   2008년 코펜하겐에서
시작한 건축·디자인 스튜디오. 건축뿐
아니라 가구, 사무실 인테리어, 산업
디자인, 사진 등의 분야를 다룬다.

만들어줘" 하고 의뢰가 들어오곤 해요. 그때마다 "어디에
둘 건데? 누구를 위한 건데? 어떤 공간을 생각하고
있는데?"라고 묻게 되죠. 키누타 테라스라는 공간을 통해
제안한 가구가 결코 완벽하다고 할 수는 없어요. 하지만
'공간'을 활용해 가구를 제안하면 그것을 소비하거나
사용하는 사람도 디자이너의 의도를 더욱 직감적으로
이해할 수 있죠.

명작으로 불리는 가구 중에 건축가가 디자인한 것이 많은 이유도
거기에 있지 않을까요.

20년 가까이 이 분야에서 일하면서 알게 된 사실이
있어요. 지금보다 건축가가 가구 디자인에 더 적극적으로
참여해야 한다는 것이죠. 건축이나 디자인을 공부하는
학생들에게도 늘 강조해서 이야기합니다. "가구는 내
영역이 아니야"라고 말하는 건 건축가로서 있을 수
없는 일이에요. 극단적으로 말하자면 죄를 짓고 있다고
생각하고요. "그러면서 어떻게 공간을 만들고 있다고 자신
있게 말할 수 있나요?" 하고 되묻게 되죠. 가구에 관심을
두지 않는다는 말인즉 '생활'에 관한 흥미가 없다는 의미가
되니까요.

진정한 디자인은 무언가를 만들어가는 과정에 있다

사무실 홈페이지에 스태프 모집 건으로 올라온 글을 봤는데 몇 가지 인상적인 부분이 있더군요. 매년 팀원이 다 같이 해외 연수를 가는 것, 겨울의 스키 여행, 그리고 1년에 두 번 마라톤 대회에 참가한다는 항목이 있던데요. 의무는 아니라고 적혀 있지만 '이건 분명 의무다!' 싶었어요.

마라톤은 그런 계기라도 없으면 전혀 운동을 안 하게 되어서 만들었어요. 3년쯤 전인가? 운동을 좋아하는 스태프가 "아시자와 씨, 슬슬 위험한 나이예요. 언제 무너질지 모른다고요!" 하더라고요. 매번 늦잠을 자서 참가하지 못하는 스태프가 있기는 한데, 아마도 늦잠이 아니라 뛰기 싫은 거겠죠? (웃음) 마라톤이 끝나면

다 같이 모여서 식사를 해요.

스태프를 채용할 때 특별히 주의 깊게 보는 부분이 있을까요?

어떤 이유로 나와 함께 일하려 하는지도 묻고요. 하고자
하는 일을 좀 더 유연한 태도로 대하면 좋겠다는
생각으로 살펴보면서, 우리 사무실이 그 사람의
개성을 해치지 않고 공유할 수 있을지, 더 나아가 다음
단계로 발전할 수 있을지 고민해요. 어떤 부분에서는
압도적인 특기를 발휘해도 어떤 일은 전혀 못 하는 게
인간이잖아요. 그런 점이 매력적으로 다가옵니다. 면접을
보면서 당장에는 맡길 만한 업무가 없어도 함께 지내면
재미있는 일이 벌어지겠구나 싶어서 채용하는 경우도
있어요.

아시자와 게이지 건축설계사무소는 '정직한 디자인'을 신조로
삼고 있습니다. 정직함의 대상은 무엇인가요?

디자인할 때는 어떤 대상을 최대한 정면에서 바라보고
꾸밈없이 인식하는 것부터 시작하려 합니다. 어떻게
풀어가야 가장 자연스러울지 고민해요. 디자인하는
사람에게도, 클라이언트에게도, 직접 사용하는
사람에게도 정직할 수 있도록. 당연한 소리인데, 잠시만

한눈팔아도 금방 불순물이 섞여버려요. 트렌드나 눈에 띄고 싶은 마음 같은 것들이요. 인정받고 싶은 욕망이 지나치면 오히려 그것이 함정이 되어 사용하기 힘든 물건이 되기도 해요. 계속해서 신경 쓰고 경계하지 않으면 자기도 모르는 사이에 휩쓸려버리고 말죠. **다양한 정보를 접할수록 이것도 저것도 하고 싶어지는 게 당연합니다. 그럴 때마다 나 자신에게 물어봐요. "진심이야? 이게 정말 필요해?"라고요.** 예를 들어 요리사에게 신선한 버섯이 배달되었다고 칩시다. 그 버섯을 한입 베어 물은 후 그 맛과 향을 가장 잘 살릴 수 있는 조리법을 찾아 메뉴를 정하는 과정은 굉장히 정직하다는 생각이 들거든요. 무엇보다 자연스럽죠.

사무소를 소개하는 첫 문장에 장 프루베(Jean Prouvé)[7]의 말을 인용했어요. "만들어낼 수 없는 디자인은 하지도 말라.(Never design anything that cannot be made.)"

일찍이 이런 상황을 예측한 장 푸르베는 "건축가는 결국 영업맨이 되어버리고 말 것"이라고 말했습니다. 그 또한 직접 현장에서

7   1901년생 프랑스의 건축가이자 가구 디자이너. 아버지에게 배운 금속 공예 기술을 활용해 금속을 가구에 접목시키는 작업을 했다. 미학적 부분을 놓치지 않고 제조 기술을 변화시켜 가구에 적용시킨 것이 특징이다. 대표 작품 '스탠다드 체어'는 실용적이면서도 세련된 장 프루베의 디자인을 잘 보여준다.

일하면서 뼈저리게 느꼈던 거예요. 저는 장 푸르베가
말하는 디자인의 정직함, 정당함에 공감하면서
수퍼로봇에 합류하기로 했어요. 수퍼로봇에서 진행해온
작업은 장 프루베의 업적에 비하면 비교할 수 없을 만큼
미약하지만, 무언가를 직접 만들어가는 과정이야말로
진정한 디자인을 알 수 있는 길이라고 믿는다는
점에서는 같은 마음이었죠. 장 프루베는 누구보다 큰
가르침을 준 인생의 선생님입니다.

지금의 독자적인 디자인 프로세스를 정립할 수 있었던 것도 장
프루베의 영향이 컸겠네요.

20년 가까이 이런저런 프로젝트를 진행하면서, 가구
및 프로덕트 디자이너들과 힘을 모아 작업했을 때 일의
전개가 훨씬 빠르고 수월했다는 점도 디자인 프로세스를
정립하는 데 크게 작용했습니다. 건축가로서 다양한
일을 해온 편이지만, 가구 디자이너라는 타이틀을 얻게
되면서 도전할 수 있는 일이 훨씬 많아졌어요. 아무래도
프로젝트에서는 수직적 관계보다 수평적 관계에서
더 많은 일이 일어나는데, 건축가 입장에서는 수평적
관계를 형성하는 게 다소 어려울 수 있거든요. 그래서
어떤 프로젝트를 시작할 때 전체를 지휘하는 위치에
서기보단 친구, 동료를 먼저 찾아요. "이런 아이디어가

있는데 같이 고민해보지 않을래?" 하고요.

왜 그럴까요?

혼자 모든 것을 다 맡아서 진행하는 건 한계가 있기
때문이에요. 더 넓은 방향으로 전개되지 못하거나 정확한
세계관을 담아내지 못하고 프로젝트가 끝나는 경우도
생겨나고요. 목표나 목적이 거창하지 않더라도 뜻을
같이하는 사람들과 함께 힘을 냈을 때 더 흥미롭고 의미
있는 일을 진행할 수 있었어요.

어떤 일이든 관계에서 비롯된다는 생각이 들어요.

사람을 만나고 함께 일을 도모하는 것을 좋아하는
성격이라 더 그런 것 같네요. 지금까지 함께해온 건축가,
디자이너들과는 모두 사이가 좋아요. 사이좋게 지내면
일이 더 많아지기도 하고요. "나 이런 거 할까 하는데,
너도 아이디어 좀 낼래?" 하고 얼떨결에 프로젝트가
시작되기도 하죠. (웃음) 건축가로서의 일을 부정하는 게
아니에요. 일의 스케일을 생각하면 당연한 얘기죠.
건물을 새로 지으면서 "우리 같이할래?" 하고 쉽게 말할
수는 없잖아요. 규모가 큰 만큼 따라오는 리스크도 클
테니까요.

스스로 움직여야 생활 감각이 살아난다

직접 운영하는 이시노마키 공방에 대해서도 이야기를 들어보고
싶어요.

그전에도 가구 디자인을 했지만, 이시노마키 공방이
주목을 받으면서 건축이나 인테리어 설계 외 영역에서
들어오는 의뢰가 눈에 띄게 늘어났어요. 이시노마키
공방이 없었다면 지금처럼 다양한 프로젝트를 진행할
수 없었을지도 모르죠. 개인 이윤을 생각하지 않고
모든 에너지를 정직한 프로세스를 위해 쏟아부은 것이
프로젝트를 긍정적인 방향으로 이끈 원동력이 되었어요.
이시노마키 공방이 건넨 가장 큰 가르침은 자원봉사
프로젝트도 사업체 규모로 커질 수 있다는 점이었어요.

건축가로서 내가 가진 능력을 건축물이 아닌 다른 형태로도 충분히 살릴 수 있다는 자신감도 생겼고요.

2011년 이시노마키 공방을 설립한 계기는 같은 해 3월 11일에 일어난 동일본대지진[8]이었습니다.

미야기 현 이시노마키 시에 있는 쇼치쿠(松竹)라는 일본요리점의 리노베이션을 맡은 적이 있어요. 지진이 일어나기 5개월 전인 2010년 10월쯤 완공했죠. 쇼치쿠에는 음식점 건물 2층에 숙소가 있어서 가끔 가족을 데리고 찾아가서 함께 시간을 보낼 정도로 가깝게 지냈어요. 현재 이시노마키 공방 공장장이자 공동 대표로 일하는 지바 다카히로(Takahiro Chiba)[9]도 쇼치쿠에서 만났죠. 그러다 3월 11일, 큰 지진이 일어났고 도호쿠 지역의 피해가 크다는 이야기가 들려왔어요. 곧바로 쇼치쿠에 연락해봤지만 이미 전화는 끊겨 있었습니다. 얼마 후 뉴스에 보도된 이시노마키의 모습은 충격적이었어요. 거대한

8   2011년 3월 11일 일본 도호쿠 지방에서 발생한 일본 지진 관측 사상 최대 규모의 지진. 강진에 이은 쓰나미가 일본의 해변 도시를 덮쳤고, 도쿄를 포함한 수도권 지역의 건물까지 붕괴되는 등 피해가 막심했다.

9   이시노마키 공방의 공동 창업자. 스시 셰프로 일하다가 동일본대지진 이후로 아시자와 게이지와 함께 이시노마키를 설립하고 목공사로 전향했다.

해일이 마을 전역을 휩쓸면서 예전 모습은 온데간데없고 사망자와 실종자 숫자만 계속 늘어났습니다.

쇼치쿠와 다시 연락이 닿았나요?

2주쯤 지나서 점주에게서 전화가 걸려왔어요. 해일로 가족을 잃었고 1층에 있던 음식점은 바닷물에 휩쓸려서 남아 있는 게 아무것도 없다더군요. 건물 자체도 언제 무너질지 모르니 전문가의 눈으로 살펴봐주면 좋겠다는 연락이었어요. 제가 현지에 직접 갈 수 있게 된 건 지진이 일어나고 1개월 정도 지나서였습니다. 도로가 전부 흙으로 뒤덮여서 이동할 수 없었거든요. 그 한 달이 어찌나 길게 느껴지던지, '과연 내가 뭘 할 수 있을까?' 하는 생각만 가득했어요. 구체적인 아이디어가 바로 떠올랐던 건 아니지만, 일단 자원봉사로 무슨 일이라도 해야겠다는 결심이 섰죠. 가족처럼 지내던 사람들이 씻을 수 없는 상처를 입었기에, 어떻게든 그들이 최대한 빨리 일상으로 돌아올 수 있도록 도와야겠다는 생각뿐이었어요.

이시노마키 공방이 만들어지는 과정에서는 어떤 일이 있었나요?

이시노마키 공방은 지진이 일어나고 4개월이 지난

여름에 오픈했습니다. 공방을 열기 전 2~3개월 동안은
틈틈이 이시노마키로 가서 집기를 수리하거나 흙에
뒤덮인 건물을 뜯어내서 옮기는 등 작업을 도왔습니다.
여진이 계속되어서 그대로 두기에는 위험한 건물이
많았거든요. 아무리 바빠도 현지에 도착하면 2박 3일간은
꼭 머물면서 피난 중인 사람들을 만나 이야기를 들었어요.
제가 갈 수 없을 땐 인턴을 보내거나 주변 친구들에게
도움을 청하기도 했고요.

그러다가 6월쯤부터 전기와 물을 조금씩 쓸 수 있게
되었습니다. 전기가 연결되었으니 음식점이 하나둘
영업을 재개했어요. 무너져가는 집이나 피난 시설에서는
요리를 제대로 할 수 없잖아요. 전국에서 구호물자가
도착했고 식사 지원 시설도 마련되었지만, 그것만
먹으면서 지낼 수도 없고요. 그래서인지 가게들은 의외로
금새 움직였습니다. 그중 지다이야(時代屋)라는 가게가
눈에 띄었어요. 당시 건물 1층은 해일 피해로 복구가
불가능한 곳이 대부분이었는데, 유일하게 건물 1층에서
누구보다 먼저 영업을 시작한 곳이거든요. 지나가면서
보니까 항상 뭔가를 사부작사부작 만들고 있더라고요.
(웃음) 언제부터인가 사람들이 지다이야에 모여들었고,
얼마 지나지 않아 "그곳 점주가 돈을 그러모으고
있다더라"는 소문이 돌기 시작했죠. 그 이야기를 듣는데
머릿속에서 작은 느낌표 하나가 뜨더군요.

가토 준(Jun Kato), ‹'정직한 디자인'이 가진
힘과 가능성(The potential of 'Honest
Design'›, 아시자와 게이지 작품집 «정직한
디자인(On Honest Design: The Design
Works Collection of KEIJI ASHIZAWA» 중

(아시자와가 스스로 기획하고 개최한) ‹프로토타입›의 다섯 번째 전시를 준비하기 시작하던 2011년 3월 11일, 동일본대지진이 일어났다. 그 지진으로 많은 사람들의 가치관 또한 깊은 곳에서 흔들리기 시작했다. "무엇을 위해, 누구를 위해" 디자인하는지 자문하다가 끝내 좌절하고 마는 디자이너도 많았다. 지진이 일어나기 전에도 진정 '필요한' 물건을 재고하는 움직임은 조금씩 있었다.

하지만 일반적으로는 "생활을 다채롭게 꾸미는 장식"으로 디자인을 이해하고 있던 것이 사실이다. 장식으로서의 디자인은 지진을 계기로 그 존재 가치를 잃고 말았다. (…) 몇 차례 이시노마키를 찾아가 무너진 가게를 정리하며 주변을 관찰하던 중에 그는 한 가지 아이디어를 떠올렸다. "피해 지역 주민이 스스로의 힘으로 다시 일어설 수 있도록 공구나 재료를 갖춘 공방을 만들 수 없을까?"

느낌표요?

'이렇게 좋은 얘기가 또 있나!' 하는 느낌표요. 물론 상황은
여전히 심각했습니다. 날씨가 점차 더워지면서 복구
작업은 더뎌졌고, 모두가 모였다 하면 돈 이야기를 꺼냈죠.
"지진 보험이 얼마다, 정부에서 나오는 지원금이 얼마다"
하고요. 그런데 이 와중에 누군가는 도움을 기다리는
대신 스스로 가게를 고쳐서 영업을 시작한 겁니다.
주민들은 물론이고 멀리서 찾아온 자원봉사자들까지
밤만 되면 지다이야에 자연스럽게 모여들었고요. 이런
좋은 이야기를 지다이야에서 끝내기는 아쉽더라고요.
마을 전체가 일상을 되찾아가는 방법을 더 적극적으로
고민하고, 스스로 움직일 계기가 필요해보였어요. 단,
무겁지 않고 오히려 가볍게. 스포츠 감각으로 몸을 움직일
수 있는 계기 말입니다.

복구 과정에서 필요한 것은 무엇보다 '스스로'였군요.

정교하거나 형태가 아름답지 않아도 좋으니 직접
내 손으로 고치고 만드는 작업이 필요하다는 생각이
들었어요. 정부가 고쳐주거나 지원금이 나오기만 기다릴
게 아니라 스스로 일상으로 돌아갈 힘을 기르는 게
우선이라고. 이시노마키에 갈 때마다 공구와 재료를

준비했어요. 회사에서 쓰던 드라이버나 나사 하나라도 도구가 될 만한 게 보이면 모두 가져갔죠. 근처 가게에 들러 간단한 목재를 사기도 했고요. 그렇게 몇 달쯤 왕래하다 보니 거점이 있으면 좋겠다는 마음이 생겼습니다. 간단하게나마 사람들이 모일 장소를 마련하면 저부터도 매번 숙소를 찾는 수고를 덜 수 있고, 더 많은 일을 시도해볼 수 있으니까요. 그래서 간단한 가구를 만들거나 목공 기술을 배울 수 있는 공간을 만들면 피해 지역의 복구에 도움이 될 것이라는 내용의 기획서를 작성해서 일본재단에 보냈어요. 당시 자원봉사 팀에 100만 엔을 지원한다는 공모가 나왔거든요. 그렇게 공방의 초기 비용은 금방 확보했습니다.

이시노마키 공방을 오픈하고 가장 먼저 한 일은 무엇인가요?

이틀간 DIY 워크숍을 열었습니다. 추울 때 벽에 담요를 걸어둘 수 있는 도구를 만드는 간단한 작업이라도 좋으니 스스로 불편함을 고치려는 자세가 중요하다고 봤어요. 나아가 지역 리더가 이러한 마음을 갖는다면 커뮤니티 전체가 달라질 것이라는 가설을 세우고 워크숍을 기획했습니다. 그해 여름 마을 축제의 야외 상영회 때 쓸 벤치를 마을 사람들과 함께 만들기도 했어요. 이시노마키 공업고등학교 학생들도 수업의 일환으로 참여했고요. 앞서 소개한 공장장 지바 다카히로는 원래 초밥 장인인데, 주말이면 취미로 목공을 했어요. 그래서 그가 학생들에게 공구 사용법을 가르쳤고 이틀 동안 벤치 50개를 완성했죠. 지금도 마을에서 행사가 열릴 때마다 그 벤치가 사용되고 있습니다.

학생들과 함께한 워크숍이 유명해지자 미국의 가구 브랜드 허먼 밀러(Herman Miller)[10]가 자사 공장에서 선발한 열다섯 명의 장인을 데리고 2주간 이시노마키 공방의 워크숍을 지원했어요.

무엇보다 장소가 마련되어 있다는 점이 컸어요. 장소가 있으면 어떤 일을 하고 있는지 더 정확하게 알릴 수 있죠. 참여하는 사람들과 한자리에 모이면 더욱 다양한 일을 도모할 수 있고요. 그 지점에 주목한 브랜드가 허먼 밀러였습니다. 허먼 밀러와 함께 진행한 워크숍을 통해 앞으로의 방향성에 관해 큰 힌트를 얻었죠. 지진으로 피해를 본 사람들에게 물고기를 낚아서 건네는 게 아니라, 낚시하는 방법을 전해야 한다고요. 그래야만 정부 지원이나 자원봉사자의 왕래가 끊어져도 계속해서

10   1905년 미국 미시간에서 창립된 사무용, 가정용 가구를 생산하는 회사. 가장 유명한 제품으로는 임스 라운지 체어(Eames Lounge Chair), 에어론(Aeron) 체어 등이 있다. 1930년까지는 오로지 전통 목재 가구만 만들어오다가 대공황을 거치며 현대적 가구를 만들기 시작했다.

스스로 물고기를 잡고, 심지어 더 편한 방법으로 잡을
수 있으니까요. 그래서 가구 디자이너 후지모리 다이지
(Taiji Fuijmori)[11]에게 연락해서 누구든지 간단하게
완성할 수 있는 의자 디자인을 부탁했어요. 곧바로
어디에서든 쉽게 구할 수 있는 구조목을 사용해서 키트를
제작했고요. 마을 사람들에게는 어떤 식으로든 이 가구를
완성하는 데 도움을 주면 조립을 끝낸 의자를 무료로
제공하며, 돕는 게 싫다면 500엔에 판매하겠다고 공지한
후 워크숍을 진행했습니다. 물론 참여한 모두가 작업을
도왔어요. 장인들의 지도하에 재료를 직접 만지며 공구
사용법을 익혔고요. 시작은 쉽지 않지만, 직접 나사를
돌려보고 사포도 문질러보면 목공이 생각보다 어렵지
않다는 걸 알게 되죠. 자연스럽게 집으로 돌아가서도
이것저것 만들고 싶어지고요.

미디어에서는 '디자인을 통한 재생, 재건, 부흥' 등의 표현으로
이시노마키 공방을 설명하는데요. 재난 지역에서 이시노마키
공방의 의미는 무엇인가요?

도쿄에서 대학원에
다니다가 대지진 후
이시노마키 공방에
자원봉사자로 합류했고,

11   1967년 일본
사이타마에서 태어난 건축가.
1991년 도쿄 조경 대학교에 입학한
뒤 여러 건축사무소를 거쳐 1999년
자신의 건축설계사무소를 만들었다.
인테리어 설계와 더불어 가구,
소품을 주로 디자인하며 여러
건축가와도 협업을 진행했다.

그 길로 이시노마키로 이주해 지역 부흥을 위한 기업 마키구미(卷組)[12]를 세운 와타나베 교코(Kyoko Watanabe)에게 같은 질문을 한 적이 있어요. "지역 공헌, 복구 등의 단어를 내세우지 않는다는 점이 이시노마키 공방의 큰 장점이다"라는 대답이 돌아왔죠. 한순간에 삶의 터전을 잃어버린 피해 지역을 불쌍하거나 안쓰러운 시선으로 볼 수 있어요. 하지만 "그래서 이런 일을 하려 합니다. 돕겠습니다"가 아니라, "이런 상황에 놓였지만 다시 일어설 가능성이 있기에 프로젝트를 시작합니다" 하는 태도가 좋았다고요. 이시노마키 공방이 성장하는 것을 보면서 본인도 할 수 있겠다는 마음이 들었다는 말에 나 또한 큰 힘을 얻었습니다. 현재 이시노마키 공방 옆에 쇼룸을 짓고 있어요. 더 많은 사람이 이시노마키에 찾아와 머물 수 있도록 게스트하우스도 병행할 계획이고요.

12   일본 미야기 현 이시노마키 시를 기반으로 활동하는 크리에이티브 팀. 도호쿠 지역의 빈집을 저렴하게 사들여서 리노베이션을 시행한 뒤 20~30대 이주자에게 주거 및 사무 공간을 제공하는 일을 주로 한다.

가능하면 하루를 빨리 시작하려 한다

건축가 겸 디자이너로 일하는 본인의 직업을 어떻게 정의하나요?

> 환경을 만드는 사람. 특정 장소가 가진 잠재력을
> 발견해내고, 그것을 매력적으로 바꾸는 사람. 건축가란
> 환경에 대해 고민하는, 또 고민해야만 하는 직업이라고
> 생각해요.

일본은 지진이나 태풍 등 자연재해로 발생하는 피해가 비교적
많은 편이라 건축가로서 책임감 또한 클 것 같아요.

> 결코 외면할 수 없는 부분이기는 하죠. 솔직히
> 얘기하자면 동일본대지진을 겪으면서 책임감이나

사명감, 건축가 또는 디자이너의 사회적인 역할에 대해 깊이 생각하게 되었어요. 예를 들어 공원을 계획할 때도 일시적인 대피 장소에 그치지 않고 적극적으로 사람들을 도울 수 있는 장치가 없을지 고민하게 됩니다. 이런 고민을 거듭하다 보면 전체적인 랜드스케이프도 고려하게 되죠. 반드시 지역 전체를 구획하고 설계하는 입장이 아니더라도요.

2019년 수상자 이소자키 아라타를 시작해 반 시게루, 이토 도요, 세지마 가즈요, 니시자와 류에, 안도 다다오, 마키 후미히코, 더 거슬러 올라가면 단게 겐조까지. 프리츠커상을 받은 건축가 중에는 일본 출신이 많습니다.

대학 강의를 맡고 있어서 주기적으로 교토에 머무는데, 가쓰라리큐(桂離宮)[13] 등 고건축을 둘러보니 그동안 수많은 건축가와 디자이너, 예술가가 여기서 영감을 받았겠다는 생각이 들더군요. 전쟁을 치른 후, 1950~1960년대 고도의 경제성장과 함께 양질의 모더니즘 건축이 완성되었던 점 또한 큰 영향을 미쳤다고 봅니다. 당시의 건축가는 큰 권한을 가졌고, 여러모로 좋은 건축이 가능했던 여건 덕분에 지금까지 든든한

13   일본 교토 서쪽 외곽에 있는 17세기 초에 만들어진 일본 왕족의 별장. 일본의 건축 문화재 중 가장 중요한 곳으로 손꼽힌다.

기반이 마련되었어요. 하지만 자세히 들여다보면 그 이후부터 점차 잃게 된 것도 많아요. 건축가가 가구를 등한시한다거나 말이죠. 그 결과, 건물이라는 틀과 그 안에서 이루어지는 생활 사이에 괴리가 생겼습니다. 겉은 번듯하지만 안으로 들어가면 무덤 같은 처참한 상황이 벌어지곤 하죠. 여전히 명작으로 평가되는 뛰어난 모더니즘 건축을 보면 그 안에 들어가는 가구와 작은 집기들까지 모두 꼼꼼하게 디자인되어 있습니다. 훌륭한 선배들이 만들어 준 단단한 토대 위에서 저 역시 건축가로서 열심히 일할 수 있었지만, 그들 덕분에 그리 좋을 것 없는 건축이 덩달아 과분한 평가를 받게 된 부분도 있어요. 상이라는 건 결국 미디어니까요.

건축가의 하루는 어떻게 돌아가나요?

가능하면 하루를 빨리 시작하려 합니다. 머릿속이 가장 깨끗할 때 중요한 업무를 처리하고 싶거든요. 아침 9시에 출근해서 오전 중에는 아이디어 스케치를 하거나 직원들과 간단한 회의를 진행합니다. 아침에는 이메일이나 서류 등을 확인하는 일은 되려 피해요. 지하철 안이나 잠시 신호를 기다릴 때 등 이동 중에 짬을 내서 메일함을 확인하고 답장을 보내는 편입니다. 오후에는 현장 일이나 클라이언트를 만날 때가 많고요.

중요한 질문은 되도록 오전 중에 해달라고 동료들에게 부탁했습니다. 밤이 되면 이것저것 잡다한 생각이 많아지니까요.

매일 끊임없이 반복되는 최소 단위의 일과가 있나요?

잠깐이라도 좋으니 혼자만의 시간을 꼭 만들려고 해요. 언제 틈이 생길지 몰라서 외투 주머니에 항상 책을 한 권 넣어둡니다. 어쩐지 밝히기가 부끄러운데…. (웃음) 요즘은 소설가 이케이도 준(Jun Ikeido)[14]의 소설 《변두리 로켓(下町ロケット)》을 읽고 있어요. 우주과학 분야의 연구원이었던 주인공이 세상을 떠난 아버지가 경영하던 중소기업을 갑자기 떠맡게 되면서 직원들과 고군분투하는 내용인데요. 저 또한 중소 규모의 회사를 운영하다보니 뭐라도 배울 게 있지 않을까 싶어서요. 저널리스트 맬컴 글래드웰(Malcolm Gladwell)[15]의 《블링크(Blink)》도 최근 흥미롭게 읽고 있는 책이에요. 글래드웰은 "인간에게는 어떤 이성적인 논리를 벗어난 무언가가

14 1963년생 일본의 소설가. 은행원으로 일하다가 1998년 《끝없는 바닥》으로 데뷔했다. 경제 소설을 집필하는 일본 작가 중 가장 유명한 인물이다.

15 1963년생 영국계 캐나다 작가. 기자, 강연가로도 활동 중이며, 사회심리학적으로 사람들의 행동 패턴과 사회현상을 설명하는 게 특기다.

있다, 결국 처음 2초 동안의 직감이 중요하다"라고
이야기합니다. 처음 만난 사람의 인상이나 어떤
사건·사고에 대해서, 혹은 좋고 싫음에서도 결국 직감이
맞는 거라고.

평소 직감으로 움직이는 편인가요?

비교적 그런 것 같네요. 요새는 전화나 영상통화로
면접을 보는 경우도 많던데, 저는 새로운 스태프를
영입할 때 어떻게든 직접 마주 앉아 이야기를 나누려고
해요. 눈을 마주쳐야만 알 수 있는 점이 있거든요.
어릴 때부터 궁금하면 직접 찾아보고 경험해야 직성이
풀렸습니다. 내가 어떤 행동을 하면 그에 대한 반응이
분명 돌아온다고 믿어요. 지금까지 나를 움직이게 하는
힘이죠. 관계에서든 일에서든 꽤 적극적인 편이에요.

건축가와는 다른, 다음 직업을 고를 수 있다면 어떤 직업을
선택하시겠어요?

글쎄요. 아마도 영화감독이 아닐까 싶네요. 할 수
있다기보다 단순히 선망하는 직업이에요. 영화감독만큼
다방면의 재능이 뛰어나야만 가능한 일도 없다는 생각이
들거든요. 저는 결코 영화를 만들 수 없을 겁니다.

스토리를 짜고 그에 알맞은 표현 방법을 만들고 그 결과물로 사람에게 감동을 준다니, 정말이지 이 세상을 구성하고 있는 모든 것에 집중하지 않으면 불가능한 일이죠.

특별히 좋아하는 영화감독이 있나요?

〈베티블루(Betty Blue)〉로 유명한 장 자크 베넥스 (Jean-Jacques Beineix)[16] 감독의 작품을 좋아합니다. 아름다운 스토리에 장면마다 들려오는 음악도 기가 막히죠. 처음 그의 작품을 접했을 때 '이게 영화구나!' 했어요. 그의 1981년작 〈디바〉라는 영화도 정말 좋아해요. 내가 지금 꿈을 꾸고 있는 건가? 싶을 만큼 아름다운 푸른색으로 가득한 장면이 있는데, 한동안 머릿속에서 그 영상이 맴돌 만큼 강렬한 경험이었어요.

16   1946년 프랑스 파리 출신으로 〈미셸 씨의 개〉라는 단편영화로 주목받으며 데뷔했다. 그 이후 오스카 후보에 오른 〈베티 블루〉, 토론토영화제 최우수 작품상을 받은 〈디바(Diva)〉 등 여러 장편영화를 내놓으며 1980년대를 대표하는 프랑스 영화감독으로 자리 잡았다.

아시자와 게이지는 1973년 도쿄에서 태어났다. 요코하마
국제대학 공학부에서 건축학을 전공했으며 1995년 졸업했다.
—

건축설계사무소 아키텍처 워크숍, 금속을 전문으로 다루는
디자인 팀 수퍼로봇에서 일한 경험을 바탕으로 2005년 독립해서
아시자와 게이지 건축설계사무소를 열었다.
—

'정직한 디자인'을 신조로 삼은 아시자와 게이지 건축설계
사무소는 카리모쿠, 이케아 등 가구 브랜드와 협업하고 파나소닉
홈즈와 파일럿 건축 프로젝트를 진행하는 등 폭넓은 분야에서
활동하고 있다.
—

2011년 3월 11일에 일어난 동일본대지진을 계기로 재난을
입은 지역사회의 자립을 위한 공공 공간인 이시노마키 공방을
설립하고 공장장 지바 다카히로와 함께 공동 대표로서 법인화를
추진했다. 2014년부터는 가구 브랜드 주식회사 이시노마키
공방이 되었고 DIY 가구 메이커이자 새로운 라이프스타일을
제안하는 디자인 기업으로 자리매김 중이다.
—

instagram @keijiashizawadesign

아시자와 게이지
Keiji Ashizawa

"

대학 졸업 후 설계사무소에서 일하면서 무언가를
'만들기'보다 '고르기'에 의존하고 있다는 점에
의문이 들었어요. 책장에는 온갖 부품과 재료 관련
카탈로그가 줄지어 있었고, 그 리스트를 외우지 않으면
설계할 수 없다는 사실을 받아들이기 힘들었죠. 그 후
슈퍼로봇이라는 팀을 만났고, 혼자 전화번호부를 뒤적이며
여기저기 연락해 물건을 완성해가는 과정에서 느낀 희열이
강렬했어요. 아니, 실제로 무언가를 만드는 과정은 이래야
한다는 생각이 들었다는 표현이 맞겠네요. 예를 들면
하나의 조명을 만들기 위해 카탈로그에서 수많은 부품을
골라 조합하기 전에, 내가 만들고자 하는 빛이 어떤 것인지
고민하는 시간을 갖는 것이죠. 솔직히 매일 수십, 수백 장의
설계도를 찍어내는 환경에서 이런 생각을 하기란 어려워요.
시간도 비용도 부족하니까요.

"

Luca
Guadagnino

루카
구아다니노

Crema

루카 구아다니노는 욕망과 야망을 동시에 갖춘 이탈리아의 영화감
화로 자신의 존재를 널리 알린 그는 영화 제작 영역을 넘어 2016
dagnino)를 설립했다. 육스 네타포르테 창립자의 개인 저택, 이
로도 성공적으로 데뷔한 그는, 한계를 인식하는 동시에 자신의 기

다. ‹아이 엠 러브›, ‹비거 스플래쉬›, ‹콜 미 바이 유어 네임› 등의 영
신의 이름을 딴 스튜디오 루카 구아다니노(Studio Luca Gua-
로마와 런던 매장 인테리어 프로젝트를 통해 인테리어 디자이너
을 최대한 발휘하도록 스스로를 밀어붙이는 장인 정신을 강조한다.

매 순간 만족하지 말고 한계를 넘어서세요

파도바 인근,
2019년 11월 2일 오전 11시

개인이 사는 공간에 대한 관심

현재 파도바[1]에서 진행 중인 프로젝트에 대한 소개를 부탁합니다.

2020년 개봉하는 HBO의 TV 시리즈를 촬영 중이에요. 제목이 ‹우리는 우리 자신이다(We Are Who We Are)›[2]라는 것 말고는 자세히 말해줄 수가 없습니다. 다만 촬영지를 파도바로 정한 이유는 이곳에 버려진 옛 군사기지가

1   이탈리아 북동부 베네토 주의 도시. 아드리아 해에 면한 베네치아에서 내륙 방향으로 약 40킬로미터 떨어져 있다. 영어로 파두아(Padua)라고도 표기한다.

2   루카 감독이 직접 각본을 쓰고 감독 및 제작을 맡은 TV 시리즈. 이탈리아의 미군 기지에 사는 두 명의 미국 청소년이 성년이 되는 동안 겪는 일을 다루고 있다. 2020년 방영 예정으로 제작에는 HBO, 와일드사이드, 스카이 아틀랜틱 이탈리아가 참여했다.

있기 때문이에요. 그곳을 재구성해서 메인 세트장으로 만들었어요.

2019년 6월에는 펜디의 패션쇼 작업에도 참여했더군요.

펜디의 2020년 봄, 여름 남성복 컬렉션의 아티스트로 초대받아 사진과 영상 촬영을 맡았어요. 당시 영화 〈서스페리아(Susperia)〉를 촬영 중이었는데, 틈틈이 아이패드에 직접 보태니컬 프린트를 그렸고, 그 프린트가 일부 의상과 액세서리에 사용되었습니다. 펜디의 크리에이티브 디렉터인 실비아 벤투리니(Silvia Venturini)[3]와는 오랜 친구이기도 해요. 이번 협업 전에도 2006년 펜디의 남성복 봄, 여름 컬렉션에서 상영한 단편영화 〈첫 번째 태양(The First Sun)〉을 촬영하기도 했고요.

'잡스' 시리즈에서는 영화감독이 아닌, 공간을 다루는 직업인으로서 인터뷰를 요청했습니다. 스스로 어떤 일을 하는 사람이라고 생각하나요?

나 자신을 스스로 정의하는

3   1961년생 이탈리아의 패션 디자이너. 펜디의 창립자인 안나 펜디(Anna Fendi)의 딸이며 펜디의 남성복, 액세서리 크리에이티브 디렉터로 활동하고 있다. 2006년 이후부터 루카 감독과 협업을 지속해왔으며 2007년에는 함께 프로덕션을 만들어 조르조 아르마니, 살바토레 페라가모 등 이탈리아 럭셔리 브랜드의 영상 디렉터로 활동했다.

것에 늘 약간의 부담과 부끄러움을 느낍니다. 우선 제
인생에서 가장 큰 부분을 차지하는 일부터 설명하자면,
나는 영화감독입니다. 지금은 TV 시리즈를 찍고 있으니
TV 시리즈 감독이라고 해도 되겠군요. 그밖에 인테리어
디자인을 비롯한 정말 많은 일들을 쉼 없이 하고
있습니다. 제가 건축가는 아니라고 생각합니다.

스스로 건축가가 아니라고 했는데요. 그럼에도 이번 인터뷰에
응한 이유가 궁금합니다.

인터뷰는 항상 어렵고 힘들어요. ‹콜 미 바이 유어 네임
(Call Me By Your Name)›과 ‹서스페리아›의 잇따른
개봉으로 최근 2년간 거의 하루도 빠짐없이 인터뷰를
했을 정도예요. 덕분에 여러 질문들에 잘 대응하는
방법을 배웠지만, 당분간 인터뷰를 하지 않기로 마음먹은
이유이기도 하죠.
다만, 매거진 «B»를 이미 알고 있었어요. 기존 잡지와
접근 방식이 다르다고 느꼈고, 깊이 있는 대화 방식
등 «B»의 전반적 이미지가 긍정적으로 작용했습니다.
덧붙이자면 개인적으로 한국과 특별한 관계가 있다고
생각해요. ‹아이 엠 러브(I Am Love)›와 ‹비거 스플래쉬
(A Bigger Splash)›를 통해 부산 국제영화제에 참가한
적이 있습니다. 여전히 한국 영화계 사람들과 좋은

다나 토마스(Dana Thomas), '이탈리아
영화감독의 궁극의 세트: 자신의 집(One
Italian Filmmaker's Ultimate Set — His
Own Home)' (《뉴욕타임스》, 2016.8.1)

(루카 구아다니노) 감독의 친구이자 그와 자주 협력해온
배우 틸다 스윈튼은 그가 추구하는 뭔가가 "활력 넘치고
열정적이며 통제할 수 없는 것"이라고 말한다. 이런
열망은 그의 집에서도 발휘된다. 그의 영화 촬영 세트가
캐릭터의 특성을 더욱 풍성하게 드러내는 것처럼 각각의
다른 분위기를 지닌 방은 고유의 이야기를 담아낸다.

롬바르디아식 바로크 양식으로 화려하게 장식된 문과
모던한 덴마크 의자가 함께 있는 방처럼 화려함과
소박함, 완벽과 불완전함이 조화롭게 공존한다. (…)
그는 반은 농담이라고 덧붙이며, "내 은밀한 욕망은
인테리어 디자이너가 되는 거예요. 프로젝트에 충분히
투자할 여력이 있을 정도로 부유한 고객의 집을
디자인하고 싶어요"라고 말한다.

관계를 유지하고 있어요. 한국 관객의 반응에도 관심을
가지고 있습니다.

〈아이 엠 러브〉는 물론이고 〈비거 스플래쉬〉, 〈콜 미 바이 유어
네임〉까지 당신의 영화 속에서 집은 인물만큼이나 중요한 역할을
하고 있어요. 영화 속 '집'은 당신에게 어떤 의미인가요?

저에게 집이란 등장인물과도 같습니다. 영화의 줄거리나
다양한 캐릭터와 상호작용하고 있거든요. 이는 인물의
상태가 공간과도 상호작용을 한다는 의미예요. 한동안
영화 속 인물들이 화장실에서 소변을 보거나 화장실을
이용하는 장면에 어떤 의미가 있는지 셀 수 없을 만큼
비슷한 질문을 받았었어요. 이건 그냥 공간의 단순한
기능 중 일부일 뿐입니다. 그 장면이 흐름상 필요하든
불필요하든 공간 자체로 기능하는 거죠. 집이 어떤
장면에서는 기능적으로 드러나기도 하지만, 그렇지
않은 장면들도 있어요. 우리 삶의 당연한 부분 중 하나를
자연스럽게 보여줄 뿐입니다. 참고로 저는 공간에 관한
꿈을 꾸기도 해요. 그중에서 집이 자주 등장하고요.
혹자는 꿈속의 집이 어머니를 뜻한다고 하던데요.
무의식이 어머니와 저의 복잡한 관계를 표출한 건 아닌가
싶습니다.

2016년 8월, 《뉴욕타임스》 기사를 통해 실제로 본인 집을
공개하기도 했어요. 그 집에서 특별히 좋아하는 공간이
있었나요?

　　　빛이 잘 들어오던 라운지를 좋아했어요. 아쉽게도
　　　현재는 그 집을 더 이상 소유하고 있지 않습니다.

그 기사에서 당신이 손님들을 집으로 초대해서 직접
요리해주거나, 친분이 있는 미쉐린 3스타급 셰프를 초대해서
요리를 맡긴다고 하는 부분이 인상적이었어요. 평소에도 요리를
즐기는 편인가요?

　　　요리를 굉장히 좋아하지만, 그걸 잘하는 건 매우
　　　어려워요. 그래서 누가 요리를 하면 매우 세심하게
　　　판단하는 경향이 있습니다. (웃음) 재료를 깊이 있게
　　　이해하고 그걸 조합하는 지식과 구성할 수 있는 기술을
　　　갖추고, 마지막으로는 이들을 하나로 집약하는 집중력이
　　　있어야 하니까요.

그럼 인테리어 디자이너로서 생각할 때 공간을 구성하는 필수
재료는 무엇인가요?

　　　좋은 요리가 양질의 재료를 조금만 사용해도 영양이나

화학 작용 이상의 무언가를 느끼게 해주듯, 공간은 기본적으로 선과 빛의 체계라고 생각합니다. 이 둘을 어떻게 적절히 살리느냐의 문제겠죠. 개인이 실제 살아갈 공간을 만드는 작업을 좋아해요. 그들의 정보와 내밀한 이야기를 이해하고 그걸 물리적으로 구현하는 일은 정말 흥미롭거든요.

늘 인테리어와 관련된 작업을 상상하다

첫 프로젝트로 주택을 맡기도 했었죠.

늘 인테리어와 관련된 작업을 상상하곤 했어요. 오랜 친구이자 육스 네타포르테의 창립자 페데리코 마르체티 (Federico Marchetti)[4]의 도움이 없었다면 인테리어 디자인 스튜디오를 열지 못했을 것이에요. 그는 항상 그렇듯 독창적인 선견지명을 가지고 제게 자택의 인테리어 디자인을 의뢰했습니다. 덕분에 스튜디오 루카 구아다니노 (Studio Luca Guadagnino, 이하 SLG)도 열고 이 업계에 전문적으로 발을 들일 수 있었어요. 2016년의 일이에요. 그의 무모한

4   1969년생 이탈리아의 사업가. 이커머스 기업 육스 네타포르테 그룹의 창립자이자 최고경영자.

결정과 아름다운 도전이 아니었다면 이렇게 어렵고 복잡한 일은 시작하지 못했겠죠. 그의 선택과 신뢰와 우리의 우정에 감사를 표하고 싶습니다.

세트를 통해 영화 속 세계를 구현하는 작업과 현실 속 진짜 공간을 만드는 일은 비슷하면서도 다를 것 같습니다.

영화를 구성하는 요소 및 편집 과정을 떠올려보면 직관적으로 이해할 수 있어요. 영화에서 공간의 역할은 이야기를 보여주기 위한 이미지를 만드는 것이에요. 이미지가 지배적인 작업이죠. 한편 건축된 공간에서는 누군가가 살면서 직접 '경험'해요. 이차원과 오감이 있는 삼차원의 차이라고나 할까요? 영화는 시각과 청각을 이용해서 이미지를 만들어 전달할 뿐, 모든 감각을 지배하지는 않습니다. 반면 물리적 공간은 시각, 청각, 촉각 심지어 미각까지 표현할 수 있다고 생각해요. 그곳이 상업 공간, 즉 어느 브랜드의 매장이더라도 우리는 그곳에서 복합적인 경험을 공유할 수 있거든요.

당신이 인테리어 디자이너로서 이솝과 진행한 리테일 프로젝트 이야기를 묻지 않을 수 없군요. 어떻게 함께 일하게 되었나요?

2018년 초로 기억해요. 영화제 시상식 기간 중

로스앤젤레스의 호텔 샤토 마몽[5]에 머물고 있었는데 데니스 파피티스[6]가 같은 곳에 있다는 사실을 알게 되었어요. 그가 제게 직접 손으로 적은 메모를 건네면서 우리의 만남은 이뤄졌습니다. 평소 데니스가 건축에 대해 가진 높은 기준과 안목을 좋게 보고 있었어요. 그는 제게 이솝 로마 매장(Aesop San Lorenzo in Lucina) 디자인을 의뢰했고, 이곳이 로마의 전형적 이미지에서 벗어나 현대적이기를 바랐어요. 우리는 매장 근처에 있는 4세기경 지어진 성 로렌초 성당[7]의 내부 인테리어부터 오페라 가수 마리아 칼라스[8], 소설가 알베르토 모라비아[9], 영화감독 피에르 파올로 파솔리니[10] 등

5   미국 캘리포니아 로스앤젤레스 선셋대로에 위치한 호텔. 할리우드 스타들이 다녀간 곳으로 유명한 이곳은 〈라라랜드〉의 촬영지이기도 하다.

6   1963년 멜버른 출생으로 호주 스킨케어 브랜드 이솝의 창립자.

7   이탈리아 피렌체에 있는 르네상스 건축의 획을 그은 성당. 메디치 가문의 의뢰로 1419년에 짓기 시작해서 1470년에 완공했다.

8   1923년 뉴욕 출생의 그리스계 미국 오페라 가수.

9   1907년 로마 출생의 이탈리아 작가이자 기자. 근대의 성적 요소, 사회적 소외, 실존주의를 주로 다뤘으며, 작품 속에서 냉철하고 정밀한 문체를 사용해서 부르주아의 문제를 묘사했다.

10   1922년 이탈리아 볼로냐 출신의 영화감독. 스스로를 배우, 극작가, 평론가로도 여겼다. 특유의 직설적 스타일과 성적 금기를 다룬 작업 때문에 늘 논란의 중심에 섰다.

20세기를 빛낸 로마의 다양한 예술가까지, 다양한
분야에서 받은 영감을 공유하고 많은 대화를
나눴습니다. 이때 작업이 계기가 되어 런던 피커딜리
아케이드 근처에 있는 이솝 매장(Aesop Piccadilly
Arcade) 인테리어도 담당했습니다.

두 매장 모두 다채로운 재료를 활용한 게 인상적이었어요.
다이아몬드 패턴의 석재 타일이 방사형으로 바닥에 깔리기도
하고, 교회 바닥에서나 보던 대리석을 복잡한 무늬의 퍼즐을
조각하듯 짜 맞췄어요. 이걸 통해 당신이 구현하려는 직업적
이상을 엿본 기분이 들었습니다.

거의 고문하듯 완벽을 주문했으니, 함께 작업하던
사람들이 고생했죠. (웃음) 제가 추구하는 '장인 정신
(craftsmanship)'은 우수함을 추구하는 동시에
자신이 가진 가능성을 최대한 발휘하도록 스스로를
밀어붙이는 것입니다. 제가 일하고 있는 영화와
인테리어 디자인의 세계는 유목민과 유사한 점이
많아요. 프로젝트 단위로 모였다 흩어지는 동시에 여러
분야의 자원과 도움이 필요하죠. 이런 상황을 고려할
때 저는 까다롭거나 마음 약한 사람과 일하는 것을
선호하지 않습니다. 저와 함께 일하는 사람들은 대부분
열심히 일하고, 준비도 많이 하는 편이에요. 그럼에도

매 순간 만족하지 말고 한계를 넘어서세요

어려움은 불시에 찾아옵니다. 작업 현장에서 극심한 상황에 처하는 경우도 생기고요. 이런 역경을 다룰 때도 최선을 다할 수 있어야 합니다. 저는 자신이 하는 일이 기본적으로 힘든 일이라는 사실을 인지하고, 그걸 처리할 사람들과 일하고자 해요.

살면서 영향을 받은 사람을 꼽자면요?

그동안 만난 거의 모든 사람에게 많은 영향을 받았어요. 그들은 내게 친절하기도, 불친절하기도 했지만요. (웃음) 일하면서 만난 아티스트 중에 로라 베티(Laura Betti)[11]를 꼽을 수 있겠네요. 그는 일할 때 감성적으로 치우치지 않는 것의 중요성을 알려준 친구이자 스승이에요. 제가 로마 대학을 다니던 22살 때, 로라가 강의를 한 적이 있었어요. 강의 중에 저는 제가 그와 할 수 있는 작업에 관한 아이디어를 이야기했고, 로라도 관심을 보였어요. 덕분에 거의 매일 로라를 만나면서 그의 다양한 경험과 삶의 철학을 들을 수 있었습니다. 제 견문을 넓혀준 계기가 되었죠. 인생에서 중요한 순간을 꼽으라면 로라를 만나서 보낸 열정적인 시간일 거예요. 그 외에 25년 동안 함께 일하고 있는 메이크업

11   1927년생 이탈리아의 배우. 1960년대부터 문학과 정치에 관심을 보였고 그 당시 정치인과 문학인의 뮤즈가 되기도 했다.

로첼 시에미에노위츠(Rochelle
Siemienowicz), '비거 스플래쉬의 루카
구아다니노' 인터뷰 중 (SBS, 2016.3.16)

"아름다움은 매우 과장된 개념이라고
생각해요. 특히 아름다움이
객관적으로 존재할 수 있다는 생각은
과대평가되었어요. 전 이런 관점에
전혀 관심이 없습니다. 스타일에도
관심 없고요. 단, 형태, 사물의
모양에는 관심이 있습니다. 그리고
사물의 의미를 포기하지 않을 정도로
탐구하는 데 헌신적이고 싶어요.
거기에서 아름다움과 스타일이 나올
수는 있겠지만, 전 그렇게 접근하지
않아요."

아티스트 페르난다 페레즈(Fernanda Perez)[12], 배우 틸다 스윈튼(Tilda Swinton)[13]도 큰 영향을 미쳤어요. 물론 현재 연인 관계에 있는 페르디난도 시토 필로마리노(Ferdinando Cito Filomarino)[14]도 빠질 수 없겠죠. 페르디난도의 감독 데뷔작 ‹본 투 비 머더드(Born to Be Murdered)›[15]를 협업해서 제작하기도 했습니다. 또 페데리코 마르체티도 들 수 있습니다. 앞서 말했듯 SLG도 그가 아니었으면 시작하지 못했을 거예요.

12   이탈리아의 메이크업 아티스트. 2015년 루카 감독의 ‹비거 스플래쉬›에서 배우들의 메이크업 디렉터로 활약했다.

13   1960년 런던 출생의 배우. 아카데미 여우조연상, 영국 아카데미 여우조연상 등을 수상하며 상업 영화와 독립 영화 모두에서 활발히 활약하고 있다. 1999년 루카 감독과 범죄 스릴러 ‹프로타고니스트›에서 작업한 인연을 시작으로 꾸준히 그의 뮤즈로 함께 활동해오고 있다.

14   1986년 밀라노 출생의 이탈리아 영화감독 및 시나리오 작가. ‹비거 스플래쉬›, ‹콜 미 바이 유어 네임›, ‹서스페리아›의 조감독을 맡으며 루카 감독과 함께 작품 활동을 했다.

15   2020년 개봉 예정인 페르디난도 감독의 장편 스릴러 영화. 한 젊은 연인이 그리스로 휴가를 가는 동안 음모에 빠지는 이야기를 다룬다.

모든 생각이 일과 연결되어 있다

평소 하루 일과를 어떻게 보내나요?

일반적으로 아침을 먹고 무언가 촬영 중이지 않다면,
스튜디오로 출근해서 건축가들과 일을 해요. 늦은
오후에는 미국 회사와 진행 중인 영화 관련 일을 하고요.
사이사이 틈날 때마다 뉴스를 읽어요. 그리고 최대한 빨리
저녁을 먹고 잠자리에 들기 위해 노력합니다. 대개 저녁
9시 30분에서 10시 사이에 잠들어요. 이탈리아 사람들의
식사 시간이 제게 맞지는 않더군요.

인스타그램을 하지 않는군요. 요즘 많은 공간이 사진을 찍기 위해
만들어지는데, 이미지로만 소비되는 트렌드를 어떻게 생각하나요?

우리는 너무 많은 이미지 속에 살고 있어요. 게다가 이제는 이미지와 그것이 미치는 영향이 바이러스처럼 확산되어 논쟁을 일으키죠. 개인적으로도 매우 받아들이기 힘든 현실입니다. 제 소원은 인스타그램이 더 이상 존재하지 않는 것이에요. (웃음) 분명히 해야 할 점은, 인테리어 디자인은 결코 이미지만으로 이루어질 수 없다는 사실입니다. 인테리어 디자이너가 사회의 요구와 타협해야 한다고도 생각하지 않아요. 당신이 인테리어 디자이너라면 기본적으로 선과 빛 그리고 재료를 이용해 물리적 공간으로 구현해야 합니다. 심지어 제가 사는 공간에는 가급적 사진도 걸지 않으려고 해요. 원래 상태 그대로 비어있는 벽 혹은 자연적인 색채만 있을 뿐입니다.

미장센(mise-en-scène)에 관한 당신만의 접근법도 궁금합니다. 영화 속 신(scene)을 구성하는 작업과 실제 공간에 들어갈 재료를 고르고 선택하는 일에는 공통점이 있을 것 같아요.

최대한 많은 사람을 만나고 그들의 이야기를, 지나온 삶을 듣습니다. 영화는 결국 이야기를 어떻게 이미지로 표현하느냐의 문제거든요. 이야기에는 늘 다양한 캐릭터가 등장해요. 그들이 어떻게 행동하고 어떤 태도를 가져야 하는지 이해하고 고민해야 합니다. 저는 그

영화를 만들 때 가장 중요하게 고려하는 것도 이미지인가요?

│ 그 문제는 제게 물어보는 것보다 제 영화를 비평하는
│ 평론가에게 물어보는 게 낫겠습니다. (웃음) 영화
│ 제작에 있어서 중요한 점은 이미지 자체보다 영화가
│ 만들어지는 과정을 제가 얼마나 통제할 수 있는지예요.
│ 그 점이 가장 중요하다고 생각해요.

영화감독의 상징이자, 가장 오랜 시간 접하는 가구가 의자일
텐데요. 문득 의자도 직접 고르는지 궁금해지네요.

│ 무엇보다 편안한 의자가 좋죠. 모든 훌륭한 디자인은
│ 안락함, 편안함을 기초로 만들어졌어요. 편안하지 않은
│ 의자는, 적어도 제게는 훌륭한 의자가 아닙니다.

인테리어 디자인 역시 다양한 공정을 조율하는 일이 중요해
보입니다. 영화와 인테리어 디자인 중 어느 작업을 할 때 마음이
더 편하던가요?

│ 인테리어 관련 일을 할 때 훨씬 더 행복하고 마음이
│ 편해요. 물론 영화 세트장이나 그 안에서 만나는

사람들도 좋아합니다. 하지만 수많은 사람이 주변에 있고 여유 없이 바쁘게 돌아가는 세트장에서 스태프들을 통제하며 나 자신에게 집중하고 평정심을 유지하는 것은 정말 어려운 일이에요. 그에 비해 인테리어 디자인은 상대적으로 더 적은 인원으로 일하기 때문에 제게 더 많은 통제력과 집중력 그리고 시간이 있습니다. 전 사실 인테리어 디자이너로서 큰 야망을 품고 있어요.

이렇게 두 가지 직업에 충실할 수 있는 비결은 당신이 일을 대하는 태도에 있겠군요.

저는 항상 일을 하고 있기 때문에 모든 생각이 일과 연결되어 있어요. 구체적으로는 협업, 즉 다양한 사람을 만나고 재능 있는 사람을 연결하는 시스템 안에서 일하고 있습니다. 그 안에서 제가 나아가고자 하는 방향으로 최대한 가능하게, 그리고 확실한 방법으로 일이 진행되도록 하려고 합니다. 매 순간 만족하지 않고 한계를 넘어서는 것, 그게 앞서 말한 장인 정신이기도 하고요. 대부분 사람은 어려움에 봉착하면 그에 부담을 느끼고 열정을 잃거나 포기하기도 하죠. 제가 여성과 일하는 걸 선호하는 이유기도 해요. 여성이 훨씬 강인하고 진취적이며 일관성 있거든요.

건축이나 인테리어 디자이너로서 전문 교육을 따로 받지 않은
걸로 알고 있어요. 처음 일할 때 이 분야의 경험이 없어도
괜찮았나요?

나는 내가 항상 인테리어 디자이너였다고 생각해요.
현실적으로 전문 교육이 꼭 필요하다고 느끼지도
않습니다. 물론 이건 각자 가진 성격과 재능에 따라
다르게 적용될 것 같은데요. 단순히 예를 들자면, 훌륭한
교수에게 배운 모든 학생이 훌륭하다고 볼 수 없듯
전문 교육을 받았다고 해서 모두가 훌륭한 인테리어
디자이너가 되지는 못할 겁니다. 굳이 장점을 말하자면
오히려 전문 교육으로 지어진 한계가 내게는 없어요.
물론 전문 교육을 받은 이들과 파트너로 일하고는
있지만요.

그럼 SLG라는 조직은 어떤 방식으로 일하나요?

우리는 매우 개별적이고 자율적으로 일합니다. 현재
세 명의 시니어와 네 명의 주니어, 이렇게 일곱 명의
건축가와 한 명의 총괄 코디네이터로 구성되어 있습니다.
보통 시니어와 주니어의 조합으로 각 프로젝트를
맡고, 모든 인원이 해당 프로젝트를 책임져요. 리서치
자료를 토대로 수시로 진행 과정을 논의하고요. 내가

매 순간 만족하지 말고 한계를 넘어서세요　　　　**229**

하려는 것을 거의 대부분 구현해주기에 직원과의
관계도, 시너지도 매우 좋습니다. SLG의 수장으로서,
이 스튜디오가 그들에게도 각각의 역량을 표현하는 데
최적의 공간이기를 바라고요.

인테리어 디자이너로서 가져야 할 책임감은 무엇일까요?

각 공간이 가진 고유한 이야기와 역사를 잘
녹여내는 것에 의미가 있다고 생각해요. 늘
새로운 공간을 마주하겠지만, 그 속에 숨어 있는
'빈티지'를 발굴해야겠죠. 한 공간을 장식(decor)한다고
생각해봅시다. 빛의 움직임, 공간에 거주하는 사람의
경험, 그리고 그 공간 고유의 맥락을 파악하는 게
중요합니다. 또 공간의 형태와 구조를 이해하고 이를
어떻게 최소한의 장식으로 조합할지 고민해야 합니다.
간혹 그 공간만이 지닌 역사나 이야기를 무시하고, 0에서
시작해서 전혀 다른 새로운 걸 만들어내는 경우도 종종
보여요. 그건 너무 의미 없다고 생각해요.

"스스로 (이탈리아가 아닌) 알제리 감독으로 기억되면
좋겠어요. 제 어머니는 알제리 출신이에요. 전 1971년
이탈리아 팔레르모에서 태어났지만, 에티오피아에서
자랐어요. 그리고 일곱 살 때 다시 이탈리아로
돌아왔죠. 제가 생각하기에, 풍성한 감정과 시각적
풍경은 팔레르모나 이탈리아의 다른 어느 곳도 아닌,
에티오피아에서 왔어요. 한편 이탈리아에 도착해서
곧바로 학교에 갔을 때는 어린아이임에도 불구하고
아웃사이더로 차별받았어요. 단지 그들보다 피부색이
조금 더 짙다는 이유만으로요. (…) 그들은 저를
'깜둥이'라고 불렀어요. 저는 늘 주변부를 맴돈다고
생각했고, 어쩌면 그 이유 때문에 더욱 영화에 빠지게
되었는지도 몰라요. 매우 외로웠어요."

한계는 항상, 계속 느낀다

어린 시절의 이야기를 물어볼 수 있을까요?

│ 개인사는 그리 이야기하고 싶지 않습니다.

그럼 요즘의 화두는 무엇인가요?

│ 대답하기 어려운 질문이군요. 곧 50세를 맞이해 요즘은
지금까지 제가 해온 것들을 정의하거나 정리해보고
있어요. 스스로 어떤 부분이 성숙하고 그렇지 못한지도
돌이켜보고요. 개인적으로
성 정체성을 받아들이는
일[16]은 제 삶의 중요한

> 16   루카는 〈비거 스플래쉬〉의
> 개봉을 앞둔 무렵, 여러 미디어와의
> 인터뷰를 통해 게이로 커밍아웃했다.

사건 중 하나라고 말할 수 있어요. 앞으로의 일도 종종 생각합니다. 영화 제작 외에 항상 전문적으로 해보고 싶었던, 또 다른 창의적 영역인 인테리어 디자인 관련 일을 시작하면서 개인적 공간이나 상업 공간에서 상상력을 펼칠 수 있어서 기쁩니다.

앞으로의 일에 대해 더 구체적으로 알려주겠어요?

당장은 SLG의 프로젝트에 더 집중하면서 많은 시간을 보내고 싶어요. 그 외에는 최근 피에몬테(Piemonte)에 구입한 집의 일부를 복원하고 인테리어를 새로 진행하는 작업이 있어요. 무엇보다 휴가도 계획해야 합니다. 그동안 너무 많은 일을 하며 달려왔어요. 아직 아시아 쪽의 일은 시작하지도 않았는데 말이에요. 기회가 된다면 한국에서도 일해보고 싶어요. 우리는 항상 준비되어 있습니다. (웃음)

실패한 경험도 있을까요?

실패는 늘 존재하는 동시에 흥미로운 주제입니다. 속마음을 털어놓자면 저는 항상 실패를 생각하고 실패할까봐 몹시 두려워요. 실패는 제 야망이 너무 크기 때문에 동반하는 거라고 생각합니다. 제가 직접 찍은

〈서스페리아〉를 예로 들어보죠. 정말 사랑한 영화였고, 잘 되기를 바랐지만 제 기대나 바람과 달리 흥행하진 못했어요. 영화 한 편이 성공적이지 않았다고 해서 개인이 실패했다고 생각하지는 않습니다. 단지 흥행하지 않았을 뿐, 큰 관심과 사랑을 받은 것만으로 자랑스럽게 생각해요. 반면 잘될 거라고 전혀 생각하지 않았는데 흥행한 작품도 있어요. 〈멜리사 P.(Melissa P.)〉처럼요.

이루고자 하는 삶의 목표가 있다면요?

과거를 떠올린다면 아마 미사여구를 통해 화려하고 아름다운 말로 포장했을 것 같아요. 하지만 지금의 나에게 필요한 답은 그게 아니겠죠. '실현할 수 있는 야망과 평화로운 휴식 사이의 균형을 찾는 것', '야망과 사생활 사이의 균형' 같은…. 음, 물론 정말 어려운 일이란 건 저도 압니다.

야망이 크다 보면, 한계도 금방 인지할 것 같습니다. 아까 '매 순간 만족하지 않고 한계를 넘어서는 것'을 강조했지만 그럼에도 한계를 대하는 당신만의 방법이 있나요?

영화든 인테리어 작업이든 한계는 항상, 계속 느끼고 있습니다. 내가 하고 있는 일의 한계는 명확한 편이에요.

새롭고 아름다운 것을 창조하려는 아이디어는 늘 현실과 충돌할 수밖에 없거든요. 중요한 점은 그 한계 안에서 일부를 선택해야 한다는 사실을 끊임없이 대면하는 것이에요. 19세기 이탈리아 문학의 한 획을 그은 작가 자코모 레오파르디(Giacomo Leopardi)[17]의 ⟨무한(L'infinito)⟩이라는 시가 있어요. 그는 어려서부터 육체적으로 불편함을 겪어 집에서 하루 종일 지내는 일이 다반사였다고 해요. 집 앞 나무 울타리에 가린 언덕을 보면서 쓴 시인데, 가려진 덕분에 저 너머에 무엇이 있는지 무한히 상상하게 만들어준다는 내용이에요. '한계'를 다르게 대하는 그의 자세를 엿볼 수 있어서 제가 좋아하는 시입니다.

17   1798년생 이탈리아의 시인. 19세기 이탈리아 시인 중 가장 위대한 시인으로 손꼽힌다. 이탈리아 낭만주의 시의 선구자였던 그는 주로 존재의 이유, 삶에 대한 깊은 통찰, 인간에 대한 고뇌를 이야기하는 작품을 선보였다.

자코모 레오파르디, 김효신 번역, ‹무한›,
«이탈리아 시선집» 중, p.52~53

무한

내게 언제나 정답던 이 호젓한 언덕,

이 울타리, 지평선 아스라이

시야를 가로막아 주네.

저 너머 끝없는 공간, 초인적인

침묵과 깊디깊은 정적을

앉아 상상하노라면, 어느새

마음은 두려움에서 멀어져 있네. 이 초목들

사이로 바람 소리 귓전을 두드리면, 문득 난

무한한 고요를 이 소리에

견주어보네. 이윽고 내 뇌리를 스치는 영원함,

스러져버린 계절들, 또 나를 맞아

숨 쉬는 계절, 이 소리, 그리하여

이 무한 속에 나의 상념은 빠져드네.

이 바다에선 조난당해도 내겐 기꺼우리.

L'infinito

Sempre caro mi fu quest'ermo colle,
e questa siepe, che da tanta parte
dell'ultimo orizzonte il guardo esclude.
ma sedendo e mirando, interminati
spazi di là da quella, e sovrumani
silenzi, e profondissima quiete
io nel pensier mi fingo; ove per poco
il cor non si spaura. E come il vento
odo stormir tra queste piante, io quello
infinito silenzio a questa voce
vo comparando: e mi sovvien l'eterno,
e le morte stagioni, e la presente
e viva, e il suon di lei. Così tra questa
immensità s'annega il pensier mio:
e il naufragar m'è dolce in questo mare.

루카 구아다니노는 1971년 이탈리아 시칠리아 팔레르모에서 태어났다. 알제리 출신의 어머니를 따라 에티오피아에서 자란 그는 일곱 살 때 이탈리아로 다시 넘어왔다.

—

로마의 라 사피엔차 대학교(Sapienza University of Rome)를 졸업한 그는 처음에 영화 평론가로 활동하다가 1977년 단편영화 ‹퀴(Qui)›를 내놓으며 영화감독으로 데뷔했다. 이후 ‹프로타고니스트›, ‹아이 엠 러브›, ‹비거 스플래쉬›, ‹콜 미 바이 유어 네임›, ‹서스페리아› 등을 만들며 사랑과 욕망을 세심하게 다루는 감독으로 이름을 알렸다. 특히 대표작인 ‹콜 미 바이 유어 네임›은 제90회 아카데미 시상식의 작품상 (Best Picture)을 비롯해 네 개 분야 후보에 오르는 등 비평가들의 찬사를 받았다.

2016년 스튜디오 루카 구아다니노(SLG)를 설립한 그는 이탈리아 코모 호수 근처에 있는 페데리코 마르체티의 개인 저택, 이솝의 로마 및 런던 매장 인테리어 프로젝트를 성공적으로 진행하며 새로운 영역으로의 진출을 알렸다. 2019년 10월에는 뉴욕 소호에 문을 연 밀라노 기반의 럭셔리 레이블 리뎀프션 (Redemption)의 첫 번째 플래그십 부티크의 프로젝트를 공개하기도 했다.

—

instagram @*studiolucaguadagnino*

루카 구아다니노
Luca Guadagnino

"

어디까지나 제 경험입니다만, 여태껏 한 일들을
되돌아보면 몇몇 남성을 제외하고는 여성이 더 완벽하고
추진력 있었어요. 그들은 늘 더 나은 접근 방식을 제시하고
결단력이 강했거든요. 이런 이유로 주로 여성들과
함께 일하기를 선호합니다. 제가 가장 좋아하는
협력자이기도 하고요. 저의 작업 환경을 기준으로
이야기하고 있지만, 분명한 점은 앞으로 더 많은 영역에서
여성이 지닌 힘, 헌신, 주의력, 저항 등의 능력이
주목받을 것이라는 사실입니다.

"

**Moongyu
Choi**

최문규

Seoul

06

최문규는 비유를 즐기는 한국의 건축가다. 인사동의 쌈지길과 한
그는 기존 건물이 최선이었는지 스스로에게 질문하고, 늘 더 좋
보여주려 한다. 이렇게 이상적인 이론을 떠올리는 동시에 좋
들어가서 사는 곳이라는 걸 아는 게 중요하다고 거듭 강조한다.

의 현대카드 뮤직 라이브러리 등으로 일반 시민에게도 알려졌다.
법이 있을 거라고 생각하며, 건축을 통해 조금 더 나은 해결책을
축의 기본 조건으로 사람을 이야기한다. 그는 건물이란 사람이

건축가도 사회의 일부입니다

서울 모처,
2019년 11월 15일 오후 2시

너무 무리하지 않으려고 노력한다

하루를 어떻게 보내나요?

주중에는 수업하고 일해요. 토요일과 일요일엔 아침에 일어나서 운동하고 개랑 산책하고 아내와 점심을 같이 먹어요. 그리고 오후에는 책을 읽거나 멍하게 있다가, 저녁 먹고 잠자리에 들어요. 1년 중 토요일과 일요일이 100일 정도 있는데, 90일 정도는 그렇게 보내요. 딱히 계획을 세워 멀리 가지도 않아요. 가끔 전시회에 그림 보러 다니고, 집 근처 서점에 책 보러 가고.

매일 의식적으로 반복하는 일과도 있나요? 스케치를 많이 한다고 들었습니다.

"하루에 책 한 장을 읽고, 그림 하나를 그리고, 생각 하나를 하면 좋겠다." 제가 학생들에게 이렇게 말했다고 하더군요. 저도 그러려고 노력해요. (뒤를 가리키며) 저기 있는 게 다 스케치북인데요. 그리다 보니 저렇게 많아졌어요.

다른 연습도 있나요?

책 보고 스케치하고 쓸데없는 생각들을 합니다. 저는 매일매일 비슷하게 살아요. 무리하지 않아서 좋거든요. 사이사이의 시간에 혼자서 멍하니 있는 걸 좋아해요. 반사회적이진 않은데 혼자 있는 게 편할 때가 많고 낯선 사람을 만나는 걸 별로 즐기긴 않아요.

그 루틴이 일에 도움이 된다고 여긴 건가요?

일에 도움이 되어서가 아니라 그렇게 살고 싶어요. '바쁜 게 좋은 거야'라고 하지만 언제부터인가 그렇지 않은 걸 깨달았다고 해야 하나. 가능한 가욋일을 줄이고 사람 만나는 것도 많이 줄였죠. 그렇게 되기까지 시간이 들었고 노력도 했어요. "아, 최문규는 주말엔 만날 수 없는 사람이야"라고 알려지는 데도 시간이 걸렸죠.

바쁘게 일하던 때도 있었죠?

그럼요. 삼사십 대 때는 밤 12시 이전에 들어간 적이 거의 없었어요. 토요일, 일요일도 일했고. 그러다가 오십 대가 되면서 조금씩 지금과 같이 된 겁니다. 내가 어떤 사람인지를 점차 알고, 원하는 걸 구현하기 위해 조금씩 노력했어요. 시간이 지나면서 내가 뭘 좋아하는 사람인지 찾게 된 거랄까.

스스로를 알고 나니, 무엇을 좋아하던가요?

첫 번째는 잠, 다음은 책 읽기와 짧게 목욕하기를 좋아해요. 산책도 좋고 아내와 맥주 마시는 것도 좋아하고요. 보통 남자들이 좋아하는 자동차, 오디오, 카메라, 시계 같은 것엔 흥미가 없어요. 투자에도 별 관심 없고요. 골프도 아예 못 치고 안 치니까 골프 치는 사람 만날 일이 없어요. 아침잠이 많아 골프 대신 잠을 선택한 거 같기도 하고.

몸과 마음의 건강을 챙기는 방법이 있나요?

가능한 한 많이 자려고 합니다. 일곱 시간 이상은 자려고 해요. 젊을 때는 어쩔 수 없이 밤을 새우거나 늦게까지 일한 적도 있었지만 이제는 그러지 않으려고 노력합니다. 너무 무리하지 않으려는 노력을 해요.

지금은 어떤 책을 읽고 있나요?

어떤 나라를 여행할 때 그 나라 작가 책을 가져갈 때가
많아요. 최근 헝가리에 다녀왔는데 페터 한트케의
《긴 이별을 위한 짧은 편지》를 가져갔습니다.
심보르스카의 시집도 읽고요. 눈이 쉬 피로해져서
옛날만큼 많이 보지는 못하지만 눈앞의 책을 가리지 않고
읽습니다. 건축 책, 소설, 사회과학 서적, 시집도 읽어요.

프로페셔널은 전문성을 가지고
법적인, 그리고 윤리적인 책임을
진다는 점에서 아마추어와 달라요.
전문성은 오랜 교육과 훈련으로
만들어지는데 그 결과가 자기 분야에
대한 깊은 지식이죠. 그리고 또 다른
점은 "프로는 오늘만 아니라 내일을
생각한다"라는 철저한 자기 관리라고
생각해요. 나는 오래전부터 밤을
새우지 않고 일을 하려 하고 있어요.
밤을 새우면 당연히 다음 날 너무
힘들고 충격이 오래가요. 이 일을
앞으로 계속해야 하는데 오늘만 하고
말 것처럼 하면 안 되거든요.

건축은 자꾸 스펙터클해지려고 한다

지금 진행하는 프로젝트에 대해 간단히 설명 부탁드려도 될까요?

> 가장 중요한 건 종로구 연건동에 있는 서울대학교 의대 도서관 설계입니다. 말레이시아에서 일이 하나 있고요. 저는 일을 여러 개 하는 편이 아니에요.

그러기엔 너무 성과가 좋습니다.

> 있는 건 열심히 하는데 일 개수로 치면 다른 건축가에 비해선 적은 편일 겁니다. 대신 할 때 열심히 하죠.

좋은 건축과 좋은 공간은 무엇인가요?

어려운 말이네요. '좋은'이라는 말이 어려운 말이니까요.

'좋다'는 건 문화권이나 교육에 따라 워낙 변하니까요.

그렇죠. 굉장히 복잡한 개념이에요. 우선 사람들에게 나쁜 짓 안 하는 게 좋은 거 아닌가 싶어요. 그 정도가 아니면 '좋다'는 건 개인적인 주관이죠. 건축은 결국 사람과 관련되기 때문에 사람을 물리적으로 불편하게 하거나 위험하게 만드는 건 좋은 공간이라고 생각하지 않아요. 나쁜 건 확실히 있어요. 뭐가 좋은지는 잘 모르겠고요.

건축을 보며 치유를 받거나 감동한 경험도 있습니까?

치유까지는 없겠죠. 음악이라면 모를까 건축이 그럴 수 있을까요? 건축을 보고 눈물을 흘렸다는 건 교육을 받았다는 이야기예요. 파르테논[1]에 올라가 눈물이 났다면 책을 많이 읽고 교육을 받은 거지 (그냥 보고) 눈물을 흘릴 수 없어요.

일리 있다고 봅니다. 흥미로운 이야기네요.

음악은 인간적이라고

1   그리스 아테네의 아크로폴리스 언덕에 있는 신전. 기원전 5세기에 조각가 페이디아스 (Pheidias)에 의해 건축된 대표적인 도리스식 건축물이다.

생각해요. 우리 몸의 울림과 어우러지기 때문에 음악을 들으면 눈물을 흘릴 수 있어요. 미술도 현대미술은 불가능해요. 저도 마크 로스코[2]의 그림을 보고 감동을 받지만 그게 내가 공감해서인지 교육을 받아서인지는 잘 모르겠어요. 건축으로 치유를 받는 건 쉬운 게 아니에요. 이를테면 아름다운 물병이 사람에게 위안을 주거나 치유할 수 있을까요? 그럴 수도 있겠죠. 건축은 잘 모르겠어요. 물론 저는 건축가니까 잘 지은 건물을 보면 자극을 받습니다. 한 건축물에 내가 전혀 생각하지 못한 발상이 드러나 있으면요. 이번에 다녀온 헝가리나 오스트리아, 그리고 서울에도 '나는 저렇게 못 하는데 어떻게 저렇게 했을까' 싶은 건물이 굉장히 많습니다.

에세이도 그렇고 작업을 보았을 때도 그렇고, 시각적 아름다움을 최우선으로 삼지 않는다는 느낌을 받았습니다.

뭔가를 만들 때 아름다움이 목적인지 아닌지를 스스로에게 계속 묻고 경계해요. 고전 음악이나 미술에서 아름다움을 만드는 방법은 이미 완성되어 있어요. 대위법이나 화성, 옛 그림도 아름답게 그리는 방법들이 어느 정도 정해져 있죠.

2   1903년생 러시아계 미국 화가. '색면 추상'이라 불리는 추상표현주의의 선구자로 거대한 캔버스에 스며든 모호한 경계의 색채 덩어리로 인간의 근본적 감성을 표현했다.

그렇다면 지금의 우리는 '아름다움이 있는가, 아름다움이 무엇인가'를 고민해야죠. 이제 아름다움이라는 말 대신 '스펙터클'이 그 자리에 들어오고 있어요. 건축은 자꾸 스펙터클해지려고 해요. 사람들의 눈에 띄고, 보자마자 사진기를 들게 만드는 건축이 되려 하죠. 그런 건축을 보면서 '이 건축이 도대체 우리에게 무슨 말을 하려는 걸까?' 하고 스스로 질문해요. 지금 뭘 하는 걸까. 다들 무슨 생각을 하는 걸까.

그러게요. 다들 뭘 하는 걸까요? 무슨 생각으로 하고 있는 걸까요?

그건 현재의 사회가 경험보다 이미지를 중요하게 여기는 쪽으로 변해가고 있기 때문이에요. 요즘 사람들은 인스타그램이나 페이스북 같은 걸 많이 쓰죠. 그래서 내가 걷는 도시가 편안하고 안전한 도시가 되길 바라는 게 아니라 '난 여기를 가봤어', '이 건물 멋있네, 사진 찍어야지' 같은 건물을 원하는 게 돼요. 이런 생각들이 건축가들에게도 뭔가 스펙터클한 건축을 해야 한다는 압력이 되는 거죠.

2018년 오픈하우스서울[3]에서는 시민에게 현대카드 뮤직

3   매해 10월, 평소 방문하기 힘든 도시의 환경과 장소, 유산을 한시적으로 개방해서 뛰어난 건축물을 소개하고 도시의 역사를 엿볼 수 있는 장소를 통해 도시 환경에 대한 일반의 이해를 돕는 건축 축제.

라이브러리를 직접 설명하기도 했습니다. 일반인에게 건축을
이야기하는 경험은 어땠나요?

'건축가가 이런 이야기를 하면 사람들은 이렇게
반응하는구나' 같은 걸 배울 수 있어서 좋아요. 시민들은
'건축가는 이런 말을 하는구나'라는 걸 알 수 있겠죠. 자주
하는 건 힘들지만 나름 재미있습니다. 건축물은 누구나
이용하잖아요. 다행히 제 건물은 전문 지식이 없어도
잘 이해하는 편입니다. 쌈지길[4]이나 현대카드 뮤직
라이브러리[5] 같은 곳은 가보면 누구나 대충 다 이해해요.

방금 언급한 '이해하기 편한 건축'을 본인 건축의 특징이라고 볼
수도 있나요?

그걸 의도한 건 아니지만 결과적으로는 그런 편이죠.
사실 건축에는 굉장히
지적인 영역이 있어요. 그건
건축 전문 영역 내부에서
이야기할 내용이지 외부
분들이 그걸 이해할 필요는
없어요. 분자식을 이해해야
아스피린을 먹는 게
아니잖아요. 제가 이해하기

4   서울시 종로구 인사동
안에 있는 공예품 전문 쇼핑몰.
인사동 골목길의 특성이 잘 반영된
건물로 한국 전통을 현대적으로
재해석한 곳으로 평가받고 있다.

5   현대카드의 문화 공간
프로젝트 중 하나로 1만여 장이
넘는 바이닐(vinyl)을 들어볼 수
있는 공간이다. 서울시 용산구
한남동에 위치.

쉬운 건물을 설계한다기보다는 사람들이 그 건물을 쉽게 이해하는 거죠. 딱히 원칙을 정해둔 건 아닙니다. 많은 분들이 제 건물 중 두 개는 보셨을 겁니다. 쌈지길과 현대카드 뮤직 라이브러리. 그 건물이라면 '아, 이건 이렇구나'라고 쉽게 이해하실 것 같아요.

방금 숭실대에 다녀온 길이었습니다. 당신이 설계한 숭실대학교 학생회관을 보고 왔어요.

가서 보면 '아, 건물을 이렇게도 짓는구나'라는 걸 알 수 있겠죠. '이 건물은 보통 내가 지금까지 봤던 대학 건물이나 학생회관과는 전혀 다르게 생겼구나'라는 것도 느끼셨을 거고요.

맞아요. 흥미롭게 봤습니다. 그 건물은 입구가 스물다섯 개라고 했죠.

대충 25개일 텐데 저도 정확히는 몰라요. 보통 건물은 일반적으로 입구가 있고 출구가 있고, 주출입구와 부출입구가 있는 식이에요. 결과적으로 자기 방까지 가는 길이 그리 다양하지 않아요. 도시는 달라요. 우리가 오늘 만난 이 장소까지 찾아올 수 있는 방법이 엄청나게 많죠. 그건 길이 여러 개 있기 때문이에요. 숭실대 학생회관도 마찬가지예요. 그곳을 드나드는 구멍이 스물다섯 개라는 말은 어디서든 들어가서 도시처럼 지나다닐 수 있는 집이라는 뜻이에요. 일반적으로 대학이나 일반 사무실에 가면 1층으로 들어가서 엘리베이터 누르고 4층 목적지, 이렇게 끝이잖아요. 숭실대 학생회관은 어느 문으로 들어가느냐에 따라서 자기 층으로 가는 방법이 다 다른 거죠. 그런 데서 더 많은 만남이 가능하도록 했어요.

건축가가 건축을 대하는 태도는 어때야 할까요?

'사람을 위한다'는 생각에서부터 건축가의 태도가 시작될 것 같아요. '건축가가 다루는 모든 것은 사람과 관련되어 있다'는 생각이 깔려 있어야 합니다.

여기서 '사람'은 어떤 사람인가요? 사용자인가요?

우리 모두죠. 일부 사용자가 아니라. 몸이 불편하신 분도 계시고 어린아이도 있고, 건강한 사람도 있고요. 그 모든 사람을 전부 포함해서 '어떤 건축이 좋은가'를 고려하는 게 우선이에요. 개인적인 공간인 집을 제외하면 건축주는 그 건축물을 소유만 하고 사용하지는 않아요. 쌈지길과 현대카드 뮤직 라이브러리도 민간 소유지만 그걸 쓰는 사람들은 다른 사람들이죠. 우리 건축가는 뭘 해야

할까요? 건축주의 마음에 들게 하기 위해서, 좀 심하게
말해 잡지에 나오기 위해서 건축을 하는 건 아니란
말이죠.

사람이 뿌리다

당신이 설계한 건물에는 계단 대신 경사가 많습니다. 누구나 움직이기 편해야 한다는 철학이 반영되어 있나요?

(경사가 있으면) 접근하기가 조금 더 쉬워지겠죠. 제 모든 건물이 그렇지는 않지만 쌈지길과 현대카드 뮤직 라이브러리, 숭실대 학생회관은 다 경사가 있네요. 경사를 줬다고 해서 같은 건축은 아니에요. 쌈지길은 인사동이 수평적이니까 그 동선을 돌리기 위해서 경사를 줬고, 현대카드는 남산의 흘러내리는 선을 경사라는 형태로 연결시켜서 보여줬어요. 숭실대는 워낙 층간 높이 차이가 나니까 사람들을 자연적으로 움직이게 하는 방법으로 경사를 선택했고요. 이처럼 각자 의도가 있었어요. '경사

(ramp)'라는 말 자체가 이제는 공통의 건축 용어가 되었지만, 건축이 램프로 결정되는 건 아니에요.

당신이 다루는 건축의 가장 중요한 점 역시 사람들을 배려하는 걸까요?

그렇죠. 일단은 사람. 그다음에는 '인간이 그동안 만들어온 건축에 다른 가능성은 없는 건가?'라고 스스로에게 물어요. 사람은 오랜 시간 동안 지형과 기후에 맞도록, 그리고 사회의 동의나 공감을 구해 가면서 집을 만들었어요. 저는 그렇게 만들어진 집이 대안이 없는 최상의 해법인지 질문하고 싶습니다. 예를 들어 인사동의 건물들을 둘로 나눌 수 있어요. 쌈지길 같은 건물은 인사동길을 연결한 건물이고 아닌 건물은 연결하지 않은 건물이에요. 그전까지 '인사동에 맞는 타입의 건물'이라는 게 있었다면, 쌈지길은 '그게 전부냐'라고 질문한 거죠. 그게 제가 말하는 다음 질문이에요. 현대카드 뮤직 라이브러리도 그래요. 한남동에 건물이 많이 있는데 왜 그 건물만 그럴까? 기존 건물들이 최상의 해결책이었느냐는 물음에 '아닐 수도 있다'고 대답했고요. 그 뿌리에는 사람이 있습니다.

그러면 건축주에게 '하던 것 말고 다른 걸 해보자'고 제안을 해야 하잖아요.

건축가도 사회의 일부입니다

설득을 해야죠.

남다른 걸 만들자는 설득이 처음부터 잘 되나요?

잘 되게 해야죠. 그건 기업 비밀인가? 잘 되도록 준비를 잘하면 할 수 있어요. 제가 (설득을) 잘하는 편인 거 같기도 하고.

그냥 발표만 하면 되나요? 프레젠테이션으로요?

결국 말과 그림으로 하는 프레젠테이션이죠. 현대카드 뮤직 라이브러리 같은 건물을 제안하면 "어 그래, 말 되네." 또는 거꾸로 "미친 거 아니야?"라고도 할 수 있어요. 그 말에는 "이 비싼 땅을 이렇게 쓴다고?"라는 뜻도 있고 "정말 스마트하다. 어떻게 이런 생각을 했지?"라는 생각도 있죠. 결정권을 가진 건축주는 한 명이기 때문에 보통 그분만 이해해주면 돼요.

건축을 하다 고뇌한 적도 있을까요?

제가 건축하며 가장 힘들었던 때는 삼풍백화점이 무너졌을 때예요. 너무 많은 사람이 죽었죠. 벌써 20년도 더 되었네요. 제가 건축 일을 하기도 전인데 그때 '내가 건축을 계속할 수 있을까' 싶었어요. 건축가가 실수하면 이렇구나 싶어 힘들었고요. 그래서 저는 법이나 안전 면에서 좀 지독한 편이에요. 같이 일하는 친구들에게도 끊임없이 이야기해요. 건물이 후져도 좋다고. 안전해야 한다고.

'건축을 잘한다'는 의미는 기본적으로 안전과 관련되어 있겠네요.

큰 의미로 '건축을 잘한다'는 말은 의사처럼 최선을 다해 날 찾아온 사람들의 병을 고쳐주는 겁니다. 그들의 말을 들어 건물을 짓고 설비하는 것. 그 요소가 충족된다면 '지금 있는 사회에서 우리가 만드는 이 건물, 이 건축은 여기서 끝나는 건가, 아니면 건축의 다른 영역이 있나' 같은 고민을 하는 것. 그게 단순히 '잘한다'는 것보다 더 중요하겠죠.

기본적인 걸 잘하려면 어떻게 해야 할까요?

건축가는 전문직이니까 배워야 하는 지식이 많아요. 법과 환경을 배워야 하고, 건물이 무너지지 않도록 구조와 시공도 배워야 하죠. 건축을 예술로 보고 '건축의 정신' 같은 이야기를 하는 사람도 있어요. 그 정신이 없는 건 아니어도 제 의견은 조금 달라요.

말씀대로 의사의 직업윤리에 더 가깝다고 볼 수도 있을까요?

사회가 전문직에게 많은 특권과 혜택을 주는 이유는 그 사람이 가져야 하는 전문 지식과 도덕 때문이에요. 제일 중요한 건 전문 지식이에요. 지식 없이 윤리만으로 전문가가 되지는 않아요. 지식이 있는데 윤리나 도덕이 없으면 그 전문 지식이 잘못 쓰이고요. 그래서 직업인으로서 그 두 가지를 가져야겠죠. 건축가도 자신의 전문성을 지키기 위해 전문 지식과 윤리가 필요합니다.

추천할 만한 직업 훈련법 같은 게 있을까요?

우선은 전문 지식의 지속적인 교육이겠죠. 다음은 타인에 대한 이해예요. 저는 제 직업에 대해 잘 모르겠을 때 그 상황을 다른 것에 대입하거나 치환해봐요. 그러다 보면 제 건축이 스포츠와 비슷하다는 점도 알게 돼요. 오늘 이겼다고 술 마시면 내일 지는 거고, 잘한다고 연습 안 하면 못하게 되는 거고요. 저는 저를 건축가로 보지 않고 (보편적인) 직업인으로 봐요. 일도 항상 그 입장으로 하고요.

건축을 넘어선 전문직의 도덕관념이라는 건가요?

그게 나한테 맞는 것 같아요.

아무도 이유를 묻지 않는다

본인의 건축물 중에서 가장 아끼는 건 있습니까?

　│　그런 건 없어요.

원하던 게 잘 구현된 건요?

　│　다들 웬만큼 된 것 같아요. 건물은 의도대로 되기에는
　│　너무 복잡해서 간단하게 이야기할 수는 없어요. 건축의
　│　가장 어려운 점 중 하나는 제가 만드는 게 아니라는
　│　사실이에요. 디자인도 내가 다 하지 않고 흩어져서 하죠.
　│　구조는 구조대로 설비는 설비대로, 그걸 내가 지휘하는
　│　거고요. 변수도 많고 불가항력적인 것도 많아요.

변수와 관계자가 많다는 것 자체가 건축 일의 특징 같습니다.

> 그게 게임의 룰이에요. 난 그걸 인정하고요. 축구도
> 손으로 하면 더 쉬울 텐데 왜 그걸 발로 차느냐? 그게
> 룰이니까. 축구가 답답해서 발로만 못 차겠고 손으로도
> 들어야겠다 싶으면 럭비를 하면 돼요. 건축도 그래요.
> 룰이 마음에 안 들면 다른 데로 옮겨 가면 되고, 룰을
> 이해하고 나면 답답한 게 어느 정도 해결되겠죠.

함께 일하는 파트너나 관계자는 프로젝트의 물리적 규모에
따라 달라지나요? 예를 들어 숭실대학교 학생회관이라면, '함께
일했다'고 할 수 있는 사람이 몇 명이나 될까요?

> 숭실대학교 학생회관은 설계만 7~8명쯤 되었어요.
> 구조와 시공까지 하면 몇백 명이 될 거고요. 영화의 엔딩
> 크레딧처럼 관련자 이름을 다 넣을 수 있다면 그 건물의
> 건축 관련인은 천 명이 넘습니다. 내가 아무리 설계를
> 잘해도 그날 아침 현장에 나오신 분이 부부 싸움을 해서
> 기분이 안 좋다면 아무리 못을 제대로 박으라고 해도
> 제대로 안 박아요. 저는 길게는 2년 반씩 사랑하며 설계한
> 건물이지만 누군가의 입장에서는 오늘 돈 벌고 가는
> 일자리입니다. 입장이 같을 수 없죠. 그러니까 어려워요.
> 그 사실을 인정하지 않으면 안 되고요.

'내가 직접 다 할 수 없다'는 사실의 한계를 어떻게 대하나요?

건축 현장의 상황을 조금 안다면 '이런 상황 속에서 이런 사람들은 이런 생각을 하고, 이런 문제가 생길 수 있구나'라는 걸 알 수 있습니다. 그 상황을 전부 인식하려면 평소에 섀도복싱처럼 연습을 해야죠. 그렇게 하면 예상치 못한 사고도 조금 덜 나죠. 나도 덜 힘들고.

그러면 건축가가 가져야 할 이상도 딱히 없을까요?

모든 직업이 그렇듯 그 영역에서 열심히 하는 자세가 필요할 것 같아요. 건축가에게 건축은 일상적인 일이에요. 오늘 그리는 도면이 나중에 어떤 건물이 될 테니까 안전에 문제가 없을지, 사람들이 여기서 뭘 어떻게 느낄지 상상하면서 열심히 만드는 거죠. 우리는 결과적으로 사회의 일부입니다. 건축가도 사회의 일부이지 그 이상도 이하도 아니에요. 일부 건축가는 지적인 선민의식이 있어요. '우리는 더 많이 배웠고 더 많이 안다. 아름다움에 대해서도 더 논할 수 있다'라고 얘기하죠. 제게는 그게 별로 중요하지 않아요. 건축은 그런 걸 빼고도 충분히 할 수 있는 게 있습니다. 저는 '난 더 많이 알아. 너희들은 몰라' 같은 이야기를 하지 않아요. 내가 좋아하는 세상이 있고, 그다음에는 사람들이 어떻게 사는지가 더 큰 관심사고요.

건물을 만드는 건 생각보다 더 어렵다

삶의 스승이나 가르침을 준 사람이 있습니까?

굉장히 많죠. 그중에서 한 명 꼽으라면 건축가 이토
도요[6]예요. 방금 말한 것처럼 30년쯤 전에 이토 도요
사무실에 1년 정도 있었어요. 이토 도요는 저보다 20년쯤
선배입니다. 사람에 대한 친절과 존중, 새로운 생각을
하는 법을 굉장히 많이 배웠어요. 그분과 제가 20년쯤
차이가 나니까, 계속 '그때 이토 도요 선생님은 뭘
했으니 나는 이렇게 뭔가
해야겠구나'라고 할 때가
많아요.

6   1941년생 일본의
건축가. 물리적, 가상적 세계를
동시에 표현하는 개념적인 건축
스타일로 유명하다.

좋아하는 건축가 역시 이토 도요인가요?

> 좋아하는 건축가는 훨씬 더 많죠. 렘 콜하스[7]도, 스티븐 홀[8], 장 누벨[9]도 좋은 건축가예요. 젊은 건축가들의 작품도 좋습니다. 잘하는 건축가들은 점점 많아지고 있어요.

건축가가 이야기하는 '잘하는 건축가'란 뭘 잘하는 건가요?

> 건물을 만드는 건 생각보다 되게 어려워요. 예를 들어 스트리밍 서비스를 틀면 음악이 나오는데 그 음악은 대부분 이상하지 않아요. 반면 거리에 있는 건물의 수준이 차트에 나오는 음악만큼 무난한 건 아니에요. 건물을 제대로 지으려면 상당히 많은 걸 알아야 해요. 대충 기본만 하는 것도 어렵습니다. 법규나 환경 문제 등을 풀어서 집처럼 보이게 하는 게 어려워요. 그 이상의

7   1944년생 네덜란드의 건축가. 건축을 시작하기 전에 저널리스트와 영화 시나리오 작가로 활동했다. 현재는 건축 이론가, 도시계획가로도 활동하고 있다. 해체주의 건축을 거론할 때 빠뜨릴 수 없는 건축가.

8   1947년생 미국의 건축가. 건축가는 추상적인 것에서 현실을 끌어내야 한다고 주장하며, 현상학적 개념을 현대적이고 실용적 방식으로 풀어내는 건축 스타일을 선보인다.

9   1945년생 프랑스의 건축가. 그의 작품은 스타일과 이념을 고려해서 나온 결과물이 아니라 사람, 시간, 장소를 고려한 독특한 개념 창조를 통해 만들어진다.

건축을 만드는 건 더
어렵고요.

'그 이상의 건축'은 무엇인가요?

일부 건축가는 건축의
기본을 넘어 '우리가
사는 세상이 이게 다가
아니다'라는 걸 보여주려
해요. 그게 그 이상의
건축이죠. 저는 그런
건축가들을 존경합니다.
렘 쿨하스가 그래 왔고,
옛날에는 르코르뷔지에와
미스 반데어로에가
그랬죠. 한국에도 있어요.
승효상[10]이나 조성룡[11]
건축가, 동년배 중에서도
김승회[12] 교수가 열심히
하고 있고요. 임재용[13],
조민석[14], 조병수[15]도 그
이상의 건축을 만들고
있다고 생각해요.

10   1952년 부산 출신의 한국
건축가. 한국 근현대건축의 핵심 인물인
김수근의 제자로 한국의 파주 교보문고
센터, 조계종 불교전통문화센터, 시안
가족추모공원 등 한국 건축에 의미 있는
작품들을 선보였다.

11   1944년 도쿄 출생의
한국 건축가. 아시아선수촌 아파트,
선유도공원 등 동시대 건축가들이 모두
인정하는 작품을 선보여왔다.

12   1963년 강원도 출생의 한국
건축가. 현재는 서울대학교 건축학과
교수로 후학을 양성하는 동시에 서울시
위촉 총괄 건축가로 활동하고 있다.

13   1961년 서울 출생의 한국
건축가. 사회, 경제, 문화의 변화를
건축에 담아내고자 한다. 광림교회
수도원 야외 음악당, 오름(묵방리 주택)
등이 주요 작품이다.

14   1966년 서울 출생의 한국
건축가. 주요 작업으로 제주도 다음
스페이스닷원, 오설록 티스톤, 남해
사우스케이프 오너스클럽 등이 있다.

15   1957년 서울 출생의 한국
건축가. 자연과 어우러지는 건축설계를
중시한다. 도산공원의 퀸마마마켓,
안중근 기념관, 강원도 화천군에 있는
소설가 이외수의 집이 대표 작업이다.

품질을 만족시키는 결과물을 만든 후에 자기 이야기를 하는 게
정말 보통 일이 아니죠.

건축에도 자기 이야기가 있죠. 건축가가 '내 건물은
이렇게 좋아요'라고 하는 것도 건축의 일부입니다.
저는 거기에 많은 가치를 두지 않아요. 비록 건축가의
이야기가 건축주에게 잘 먹혀서 건물이 지어지더라도
내 건축으로 다른 걸 볼 수 있게 하는 대안을 제시하는
게 더 중요하지 않을까요? '지금까지 우리는 이렇게
살았잖아요? 이렇게 살아보면 어때요?'라고 말하는
건물을 보여주는 건 굉장히 어려운 일이에요. 저는
그걸 하고 싶은 거고, 그런 걸 하는 사람들을 존경하죠.
내가 생각하지 못했던 걸 하는 사람들이요. 가끔 그런
사람들이 있어요. 그래서 책을 읽어요. 책을 보면 '아,
우리가 이렇게 해도 되는구나'라는 걸 알게 되니까요.
음악이나 미술도 그렇고요.

지금 말씀하신 '그 이상의 건축'이 스스로의 건물에도
해당됩니까?

제 건물로 예를 들면 쌈지길과 현대카드 뮤직
라이브러리를 그런 생각으로 설계했어요. 현대카드 뮤직
라이브러리는 그렇게 멋진 건물이 아니에요. 그게 무슨

멋진 건물이에요? 거기 화려한 무엇이 있나요? 돈을 썼나요? 아무것도 없어요. 그냥 뻥 뚫린 공간 하나예요.

시스템에 배타적으로 굴거나
그 시스템을 욕하는 게 가장 쉽다

가장 즐거울 때는 언제인가요?

> 좋은 순간은 많죠. 좋은 책 한 구절 읽으면 좋고, 음악을
> 들으며 좋을 때가 있고, 산책하며 하루하루 자연이
> 변하는 걸 보는 것, 사람들과 맥주 한잔 마실 때도 좋아요.
> 좋은 건물을 볼 때도, 그다음 내가 설계한 건물이 실제로
> 지어질 때도 좋죠.

설계도로 그렸던 게 눈앞에서 손으로 잡히는 건물로 만들어지면
정말 기분 좋을 것 같아요.

> 당연히 좋죠. 그 맛에 (건축을) 계속하는 건지도 모르죠.

잔인해도 계속해야 해요. 나도 학생
때 공모전에서 숱하게 떨어졌어요.
지금도 그렇고. 그런데 떨어진다고
낙심하고 포기하면 다음 기회는
영 다시 오지 않아요. 아무리 위대한
투수도 패전 투수가 되잖아요. 지는
날은 언젠가 반드시 오는데, 졌다는
생각에 빠져서 다시 공을 던지지
않는 건 말이 안 돼요. 극복해야죠.
훈련과 습관으로. 나는 설계 과정에서
필연적으로 생기는 상처를 덜 입기
위해 또 빨리 아물 수 있게 마음
근육을 키워요.

그런데 또 무섭기도 해요. 건물이 만들어지는 과정이 길어요. 요술램프 속 지니가 있어서 '땅' 하고 순식간에 만들어주면 좋을 텐데, 건물은 적어도 1~2년은 걸려야 지어지니까 '이 건물이 제대로 될까'라는 긴장을 계속해야 해요. 대신 뿌듯하죠. 이 느낌은 사실 아무도 느껴보지 못하는, 건축가만 느낄 수 있는 아주 독특한 성취감이에요.

지금 하는 일과 삶에 대한 원칙이 있나요?

│ 균형이 있으면 좋겠다는 정도?

전문직의 균형도 필요할 것 같습니다. 전문성을 갖춘 개인과 사회 시스템 사이의 균형을 잘 맞춰 살고 있나요?

계속 노력해야죠. 내가 이 시스템의 일부라는 걸 계속 알아가야 해요. 그래야만 시스템과 동떨어지지 않게 돼요. 제일 쉬운 건 시스템에 배타적으로 굴거나 그 시스템을 욕하는 겁니다. '나는 이렇게 멋있는데 지금 너희들이 잘못하고 있어. 건축주는 날 이해하지 못해. 공무원은 고압적이야. 시공자는 후져.' 하지만 저는 이렇게 이해하려 해요. 건축주는 자기 돈을 내서 최문규의 건물을 지어주는 사람. 시공자는 먼지를 마셔가면서 건물을 짓는 사람. 공무원은 언제 감사받을지 모르는데 내 일을 해주는 고마운 사람.

그렇다면 좋은 건축주는 어떤 사람일까요?

좋은 건 모르겠지만 제일 나쁜 건축주는 일이 끝났는데 돈 안 주는 사람이겠죠. 보통 너무 참견하는 건축주가 불편하다고 하는데, 저는 생각이 확실한 건축주가 어느 정도 방향을 정해주는 것도 나쁘지 않다고 봐요. 너무 많은 자유가 설계를 힘들게 하는 경우도 있거든요. 건축주는 다 다르고 편한 점 불편한 점이 다 있어요. 열 명의 배우자와 결혼하고 가장 좋은 배우자를 찾는 게 아니듯, 만나는 사람마다 다르니, 관계를 잘 만들어 나아가야죠.

건물은 건축가와 건축주만의 것이 아니기도 하죠. 그 건물을 보고 쓰는 보통 사람들도 있습니다.

노벨문학상 받은 소설책을 라면 받침으로 쓰고 아이폰으로 호두 까는 사람도 있는데요. 그건 사용자들이 알아서 하는 거지 '내 건물을 이렇게 사용해주세요'는 없어요. 제가 할 수 있는 한도까지 해서 건물이 다 만들어지면 그분들이 쓰는 거죠. 요즘 쌈지길 가보면 벽마다 다 낙서지만 뭐 어때요. 그런 태도까지 바라는 건 과한 것 같아요.

278 **최문규**

건물은 사람이 들어가서 사는 곳이라는 걸 알아야 한다

'잡스' 시리즈는 직업의 세계에 대한 책입니다. 건축가를 꿈꾸는 학생도 이 책을 볼 거예요. 건축을 공부하는 학생들에게 조언을 부탁해도 될까요?

건물은 사람이 들어가서 사는 곳이라는 걸 아는 게 굉장히 중요해요. 사람에 대한 인식이나 이해 없이 건축을 하는 건 굉장히 위험해요. 내가 평소에 만나는 사람이 전부가 아니라는 사실도 반드시 알아야죠. 물리적으로 잘 못 걷는 사람과 늙은 사람, 건강한 사람은 어떤지 이해해야 해요. 다르다는 게 신체의 문제만은 아닙니다. 정치 성향을 포함해 자신과 의견이나 철학이 다른 사람도 있습니다. 저는 저와 다른 사람을 알기 위해 읽기 불편한 책을 굳이 읽어요. 지금은 사람들이 다름을, 다르게 생각한다는 걸 알려하기보다는 비슷한 사람과 소통하는 데 더 관심을 두고 있어요. 굉장히 위험합니다. 학생들은 그러지 않았으면 좋겠어요. 책도 읽고, 직접 가서 보고 이해하기도 하고, 다양한 곳에 가서 봐야 해요. 거기서 '아, 이 사람들은 이런 이야기를 하는구나'를 발견하면 좋겠어요. 광화문에 가보고 서초동에도 가봐야 합니다.

저서를 봐도, 이야기를 들어 보아도, 평소에 호기심을 중요하게 여기는 것 같습니다.

호기심이 있으면 좋죠. 호기심은 '아파트는 왜 이런 모양이지?', '방 크기는 왜 다 다를까, 같으면 안 되나?' '방은 왜 세 개지?', '요즘은 1인 가구가 35퍼센트라는데 공급되는 아파트의 방은 왜 아직 세 개지?' 이런 걸 질문하게 합니다. 호기심이 없는 건 '디자인을 하자'라는 태도예요. '아파트 방의 크기는 이미 정해져 있고, 거기에 창문을 예쁘게 1:1로 낼까 1:2로 낼까? 비율은 어떻게 할까?' 이건 호기심이라기보다 '난 설계를 잘하는 사람이니까 예쁘게 설계할 수 있어'라는 자기표현에 가깝죠. 호기심, 의심, 질문이 있으면 좋겠어요.

2017년 《연세춘추》와의 인터뷰에서 "건축에는 재능이 별로 중요하지 않다"라고도 했어요. 재능 아니면 무엇이 필요할까요?

그 말은 재능 우위론에 대한 반발이에요. 대학 들어오기 전까지 평생 해본 적 없는 건축설계를 하는데 재능이 있는지 없는지 어떻게 아나요? 재능보다는 끈기, 회복탄력성, 다른 사람과 대화하는 소통 능력이 더 필요하겠죠.

건축이든 잡지든, 만들 때는 어려운데 보고 쓸 때는 쉬운 게 좋은 것 같습니다. 독자에게 쉽게 읽히는 걸 만들고 싶다는 건 개인적인 고민이기도 합니다. 어떻게 하면 이런 걸 만들 수 있을까요?

사람은 이야기에 익숙해요. 우리가 들어온 이야기는 복잡하지 않아요. (그림을 그리며) '언제 어디서 산속에서 할머니 할아버지가…' 같은 이야기를 사람들은 쉽게 듣고 이해하거든요. 저는 사람의 뇌 속에 이야기라는 시스템이 흐르고 있다고 생각해요. 제가 "이게 남산이고요, 이런 길이 있었어요. 그 길이 건물 때문에 막혀 있었는데요, 거기를 제가 터서 현대카드를 만들었어요"라고 하면 사람들은 바로 이해해요. 이야기 구조이기 때문이죠. 뭔가 멋 부리려고 철학적인 말을 하거나 이상한 말을 하면 이해하지 못해요. 이해하기 쉬우려면 이야기여야 해요.

최문규는 1961년 청주에서 태어났다. 연세대학교에서 건축과와 대학원을 졸업하고 미국 컬럼비아대학교에서 유학했다. 도쿄의 이토 도요 건축사 사무소에서 일하고 1999년 가아건축을 설립했다. 2005년부터 연세대학교 건축공학과 교수로 재직 중이다.

—

인사동 쌈지길을 대표로 한국독서지도회, 서해문집, 정한숙기념관, 서울시립대학교 100주년 기념관, 현대카드 뮤직 라이브러리 등을 서울과 파주에 지었다. 2018년에는 파리 국제대학촌 한국관을 설계했다.

—

그는 쌈지길로 2005년 한국건축문화대상 특선에 선정되었고 AIA 볼티모어 디자인 어워드, AIA 메릴랜드 디자인 어워드에서 수상했다. 2012년 숭실대 학생회관으로 서울시 건축상 대상, 건축가협회상 올해의 건축 베스트 7, 건축문화대상 대상을 받았다. 현대카드 뮤직 라이브러리는 2015년 서울시 건축상 최우수상, 2016년 건축문화대상 우수상을 받고 2016년 건축가협회상 올해의 건축 베스트 7로 선정되었다.

—

건축가가 시민에게 자신의 건축을 이야기하는 '오픈하우스 서울' 프로젝트에 참여해 현대카드 뮤직 라이브러리에 대해 설명했다. 2019년 건축사가 배형민과 함께 《의심이 힘이다: 배형민과 최문규의 건축 대화》를 펴냈다.

최문규
Moongyu Choi

"

저는 30여 년 전만 해도 속칭 '설계를 잘하는' 과였어요.
일이 주어지면 바로 탁하고 건물 이미지가 떠오르고
바로 그려내고, 바로 만들고, 사람들이 '어, 이거
좋네'라고 할 만한 걸 잘했어요. 그때 함께 일하던
소가베 마사시라는 친구가 "넌 왜 그런 (설계를 잘하는)
일에만 관심이 있니?"라고 했어요. 그 과정에서
좀 많이 깨우쳤다고 해야 할까요. 스스로 '내가 뭘 하고
있을까?'라는 질문을 계속해왔어요. 큰 회사는
회장 방이 가장 크고 사장과 부사장 방이 그다음으로
커요. 왜 다른지 아무도 이유를 묻지 않아요. 방 면적
차이와 비율의 상관관계도 몰라요. 아무도.
연봉 비율인지, 아니면 경험이나 지식 비율인지.
그런 의심들이 제 머릿속에 있습니다.

"

Hugo
Haas

위고 아스

Montreuil

07

위고 아스는 재료 본연의 성질을 살리고 장소가 지닌 맥락을 중시

사르투(Alphonse Sarthout), 기옘 르나르(Guillem Renar

주도하며 프로젝트의 골조를 만들고 내러티브를 구상하는 일

건축 작업의 특성상 상대의 이야기를 경청해서 관계를 부드럽

프랑스의 건축가다. 카미유 베나르(Camille Bénard), 알퐁스
함께 건축 스튜디오 시규(Ciguë)를 공동 창립했고, 사전 기획을
롯한 디렉션 전반을 담당했다. 그는 여러 사람과 함께 작업하는
드는 소통 능력이 디자인 능력만큼 중요하다고 강조한다.

손으로 배우는 즐거움을 기억하세요

몽트뢰유 시규 스튜디오,
2020년 1월 28일 오후 2시 30분

실수와 실패에서 배우다

파리의 국립 건축 학교 라 빌레트[1]에서 만난 친구들과 함께 2003년 콜렉티브를 결성한 것이 시규[2]의 시작이었다고 들었어요. 어떤 계기로 시규를 창립하게 되었나요?

원대한 계획을 세우고 시작한 것은 아니에요. 최근 몇 년 사이 많이 바뀌긴 했지만, 우리가 학교에 다닐 때만 해도 프랑스 건축 교육은 매우 이론적이었어요.

[1]   1969년에 창립된 고등 건축 국립학교로 프랑스에 있는 스무 곳의 건축 국립학교 중 하나다.

[2]   파리 근교에 위치한 디자인 및 건축사무소. 2003년 목공소이자 세공소로 시작한 이 스튜디오는 같은 학교에서 공부하던 네 명의 학생이 공동 창립했다. 13개국에서 200개가 넘는 프로젝트를 진행해왔으며 문화, 예술, 패션, 거주 등 다양한 분야의 건축설계를 담당한다.

저를 포함한 시규의 창립 멤버 여섯 명은 건축설계 프로세스에서 '만드는 행위' 자체를 좋아했던 친구들인데, 정작 학교에서 재료를 만질 기회는 드물었죠. 손을 사용하는 일에 대한 갈증이 커질 무렵, 우리 스스로 건축 재료를 다룰 수 있는 현장을 만들어보기로 했습니다. 디자인 사무소가 아닌 목공소, 세공소로 사업자등록을 했던 이유도 같은 맥락이었죠. 설계부터 시공까지 직접 하고 싶었거든요. 목재 가구 디자인 및 제작부터 타건축 사무소에서 의뢰받은 건축 모형 제작, 지인 아파트 리모델링까지 프로젝트의 분야와 규모, 예산과 상관없이 재료를 실험할 기회라면 가리지 않고 맡았어요. 지난 17년간 시규의 회사 구조, 담당하는 프로젝트의 성격과 규모, 창립 멤버 각자가 수행하는 역할은 계속해서 진화했지만, 재료와 장인 정신을 건축의 중심에 두는 작업 방식만큼은 변함없이 유지해왔습니다. 사무실 1층에 마련한 아틀리에에는 목공실과 제련실을 갖췄는데, 이는 시규의 모태나 다름없죠.

재료를 둘러싼 논의가 부족했던 건축 교육을 향한 일종의 반발이었다고 볼 수도 있겠네요.

어찌 보면 그렇죠. 하지만 어떤 논의나 담론을 만들겠다는 지적인 계획과는 거리가 멀었어요. 오히려 시규를 결성한 이유는 '신체적 욕구'에 가까웠습니다. 제 경우에는 경주 오토바이 애호가였던 아버지를 따라 자전거와 오토바이를 직접 조립하고 수리하며 유년시절을 보냈고, 시규의 공동 창립자이자 공동 경영자인 카미유와 알퐁스는 아버지가 지은 전원주택에서 태어나서 끊임없이 집수리와 보수공사를 도우며 자랐어요. 또 다른 원년 멤버 기옘은 아버지가 운영하던 폐차장을 놀이터로 삼은 친구이고요. 출신 도시도 성장 배경도 달랐지만, 시규 멤버 모두 아버지를 통해 경험한 '만드는 즐거움', '손으로 배우는 즐거움'에 매료되어 건축을 선택했다는 공통점이 있었어요. 이 공통점이 우리를 한자리에 모은 동인이었던 거죠.

친구들끼리 일하는 게 쉽지만은 않았겠어요. 실질적인 역할 분담도 그렇고요.

처음에는 프로젝트 하나에 팀 전원이 투입되어 기획부터 완공까지 모든 일을 함께했습니다. 멤버 모두가 건축설계자이자 기획 관리자, 제작자였던 셈이죠. 이 방식은 서로 부족한 부분을 채우며 시너지를 낼 수 있다는 장점이 있었지만, 결정 속도가 느려진다는 장애도 존재했어요. 프로젝트 수가 늘어나면서 한 사람이 하나의 프로젝트를 처음부터 끝까지 맡아 관리하는 방식, 한 사람이 한 가지 업무만 담당하는 방식 등 여러 가지 변주도 시도해봤고요. 이 과정에서 각 멤버의 진정한 강점과 상대적으로 약한 부분이 무엇인지 제대로 파악할 수 있었습니다.

각 멤버의 강점과 약점을 파악한 후 어떤 점이 달라졌나요?

이 경험을 통해 모든 주요 사안은 논의를 거쳐 결정하되, 프로젝트 단계에 따라 각자의 역할 강도를 달리하게 되었습니다. 능률을 높이는 동시에 공동 창작 집단의 강점을 살릴 수 있는 최적의 방식이었어요. 현재 저는 프로젝트의 가장 초기 단계인 사전 기획, 즉 여러 사람의 의견을 수렴해 전반적인 골조를 짜고, 그것을 바탕으로 내러티브를 구상하는 일을 주로 맡고 있어요. 카미유는 중간 단계인 구체적인 구현안 기획을 담당합니다. 쉽게 말해 건축 재료 개발, 제작 기법 구상, 건축 도면 및 모형 제작 등 아틀리에에서 하는 일을 주관하는 거죠. 기옘과 알퐁스는 설계 단계 이후의 사업 관리를 맡아서 하지만, 프로젝트에 따라 저와 함께 사전 기획을 하거나 카미유와 재료 개발에 참여하기도 해요. 유동적 역할을 취하죠.

시규를 시작할 때는 모두 사회 초년생이었습니다. 사무소를 운영하는 데 어려움은 없었나요? 처음부터 끝까지 스스로

터득하다 보면 그만큼 실수도 많이 하잖아요.

셀 수 없이 많아요. 적어도 지금까지 진행한 프로젝트의
수만큼은 실수했다고 보면 될 겁니다. (웃음) 시규를 만든
당시 우리는 모두 대학교 2학년이었는데, 뭘 알았겠어요.
경험하면서 배우기란 매우 흥분되고 재미있는 일이지만,
그런 조직은 위기 상황에 취약할 수밖에 없죠.

유독 기억에 남는 실패담이 있다면요?

가장 심각했던 상황은 건축 재료 선정에 실패했을
때였어요. 어떤 재료에 홀딱 빠져버린 나머지, 위험
요인을 충분히 고려하지 않고 밀어붙였다가 시공 단계에
와서 문제가 발생한 경우였죠. 보통 이럴 때는 빠르게
대안을 제시해야 하는데, 그럴 리가 없다며 몇 번을
더 시도해봤어요. 물론 결과는 계속 같았고요. 지금
생각해도 진땀 나는 순간들이 몇 번 있었네요.
기술적 쟁점만큼이나 시규가 오랫동안 고민했던
부분은 클라이언트와 소통하는 방식이었습니다. 개소
초기에는 디자인 의뢰를 받으면 곧바로 도면부터 그리기
시작했어요. 클라이언트에게 도면을 내밀며 '우리가
생각한 디자인은 바로 이거야!'라고 야심 차게 보여주면,
마음에 안 든다는 반응이 돌아왔어요. 첫 번째 디자인을

거절당한 후, 며칠 밤을 새워 완성한 두 번째 디자인을 들고 갔는데 반응이 또 안 좋았고요. 이런 식으로 제안을 거절당하는 일이 잦아지면서 무엇이 잘못된 건지 진지하게 고민하게 되었어요.

해답을 찾았나요?

가장 큰 문제점은 스튜디오에 틀어박혀 우리가 생각하는 최선의 해법을 찾는 데만 연연하고, 정작 클라이언트와는 소통하지 않았다는 것이었어요. 아이디어와 디자인을 낸 후, 그것을 이미지와 언어로 다듬어 클라이언트에게 전달하고 설득하는 작업이 건축가의 일에서 큰 부분을 차지한다는 사실을 그제야 이해한 거죠. 그때부터는 특정 방향에 강한 확신이 있다 하더라도 여러 개의 시나리오를 만들어서 발표하기 시작했어요. 그러자 프로젝트를 따내는 빈도가 늘었고, 결과물 또한 눈에 띄게 좋아졌어요. 돌이켜보면 이제까지 좋은 평가를 받은 프로젝트 대부분은 클라이언트가 우리 못지않은 열정을 쏟아부었던 작업이었습니다. 건축에 관한 한 모든 프로젝트는 늘 건축가와 주문자, 두 객체가 상호작용하는 공동 작업이라는 점을 인식한 것이 시규의 발전에 도움이 되었죠.

메일리스 강글로프(Maïlys Gangloff) &
요한 수비즈(Johan Soubise), '위고 아스
인터뷰(Interview de Hugo Haas)' 중
(Learning from Europa, 2016.1.22)

재료를 선택하고 실험하는 일은 매우
본능적으로 이루어져요. 그러나
우리는 고객의 콘텍스트를 읽죠.
거기에 많은 단서가 따라옵니다.
우리가 스스로를 위해 프로젝트를
하는 경우는 극히 드물어요. 대다수의
프로젝트는 우리를 보러온 사람들의
주문으로 이루어집니다. (…)
첫 번째 단계는 만나고, 대화하며,
신뢰를 쌓는 것입니다. 우리는 그들이
좋아하고 싫어하는 게 무엇인지
이해하려고 노력해야 하죠. 이 접근
방식은 우리가 작업할 수 있는 재료를
제공합니다. 우리는 우리가 배치하고
싶은 내러티브와 관련해 세계를,
언어를, 재료를 정의합니다. 이것은
민감하게 균형을 잡는 행동이죠.

고객의 이야기를 경청하기

요즘 진행하는 프로젝트는 무엇인가요?

여러 가지 프로젝트를 동시다발적으로 하고 있어요. 최근 착수한 프로젝트 중 하나는 패션 하우스 르메르(Lemaire)[3]의 전반적인 공간 정체성을 구축하는 작업이고, 상업 공간 설계 중 가장 규모가 컸던 라 사마리텐(La Samaritaine)[4] 백화점 패션관은 시공 막바지

3   크리스토프 르메르 (Christophe Lemaire)와 사라 린 트란(Sarah-Linh Tran)이 1992년에 공동 창립한 프랑스의 의류 브랜드.

4   프랑스 파리 1구에 위치한 백화점. 1870년 프랑스 사업가 에르네스트 코냑(Ernest Cognacq)이 창립한 곳으로 퐁네프 역 근처에 있다. 현재 프랑스 패션 대기업 LVMH 산하에 있다.

단계에 접어들었어요. 이러한 리테일 디자인은 시규의 활동에서 매우 큰 부분을 차지하지만, 지난 몇 년간 요식 공간 디자인 의뢰도 부쩍 늘었습니다. 현재는 파리 근교 유기농 채소 농장에 들어설 게스트하우스 겸 레스토랑의 리모델링을 진행하고 있어요.

건축이라는 큰 틀 안에서 다양한 프로젝트를 진행하는군요. 모든 프로젝트를 성공적으로 이끄는 비결이 있을까요?

언제나 효과적인 방법이 하나 있다면, 클라이언트의 이야기를 경청하는 것이에요. **이때 '경청'에는 상대방이 한 말을 빠짐없이 기억하는 것뿐 아니라, 말투나 제스처를 통해 성향을 파악하는 것까지 포함됩니다.** 이 정보야말로 서로 만족하는 방향으로 프로젝트를 이끄는 데 큰 자산이 되죠. 개인적으로는 기획 초기 단계에서 아이디어를 전달할 때, 도면이나 3D 모형, 레퍼런스 이미지 사용을 지양하는 편이에요. 점진적 대화를 통해 서로의 지향점을 조율하고 나서 실질적인 시각 작업으로 넘어가죠. 요즘은 프로젝트를 시작하자마자 이미지나 3D 모델을 요구하는 클라이언트도 많아요. 이 경우에는 건축 재료 샘플이나 건축적 요소를 드러내는 손 그림보다는 특정 분위기를 읽을 수 있는 추상적 공간 이미지처럼 심플한 시각 자료를 놓고 대화를 유도하기도 해요.

프로젝트에 따라 디자인 프로세스가 달라지기도 하나요?

보통 재료 선정으로 시작할 때가 많지만, 클라이언트에 따라 디자인의 출발점은 충분히 달라질 수 있어요. 특히 브랜드 작업은 더욱 그렇죠. 시규의 첫 리테일 공간 프로젝트 중 하나였던 코스매틱 브랜드 이솝의 틱톤 (Tiquetonne) 매장을 예로 들어볼게요. 모든 설계는 제가 일본 여행에서 우연히 발견한 커다란 못에서 출발했어요. 대장장이가 만든 골조용 못은 각진 면으로 구성되었고, 손으로 두드려 만든 물건이라 울퉁불퉁한 질감이 살아 있었죠. 기하학적인 선과 완벽하지 않은 아름다움이 혼재된 오브제랄까요. 이걸로 디스플레이를 구현하자는 아이디어에서 출발, '이 못을 어떻게 배열할 것인가?', '이 못과 가장 조화를 이룰 벽의 소재는 무엇인가?', '조명은 어떠해야 할까?', '세면대의 소재는?' 식으로 범위를 넓혀가며 디자인을 전개했죠. 특정 의식이 주인공이 된 사례도 있어요. 다소 낡은 이미지를 지닌 프랑스 슈즈 브랜드 매장이었는데요. 뛰어난 기술 장인을 보유하고 있던 이 브랜드 매장에는 수선실이 있었습니다. 우리는 매장 한쪽 구석에 숨어 있던 구두 수선실을 매장 중심으로 옮겼어요. 장인의 공구를 벽에 걸고, 작업대를 쇼윈도 옆으로 가져왔습니다. 외부에서도 장인의 섬세한 움직임을 볼 수 있도록 말이죠.

건축 스튜디오로서 시규의 강점은 브랜드의 세계에 충실한 동시에 시규의 작업임을 알아볼 수 있다는 것 아닐까요.

비슷한 이야기를 자주 듣는데, 그다지 동의하지는 않아요. 기자들은 시규의 작업을 두고 '스타일'이라는 단어를 종종 사용하는데, 정작 시규는 우리만의 스타일을 찾으려고 노력한 적도, 프로젝트에 우리의 낙관(signature)을 남기려 한 적도 없거든요. 스타일보다는 기능에 초점을 두고 설계하다 보니 공간이 비교적 간결하고 읽기 쉬워져서 그렇게 느끼는 것 같아요. 우리가 아름답다고 느끼는 공간감이나 비례감이 적용되었기 때문에 소재와 구조를 달리해도 조형적으로는 비슷한 인상을 남길 수 있는 것 같고요.

시규의 모든 활동을 관통하는 비전이나 원칙이 있을까요?

건축가가 개입하는 장소의 역사나 장소를 이루는 환경적·사회적 요소 등 장소의 '맥락'을 중시한다는 것. 시규에서 진행하는 프로젝트라면 종류와 규모에 상관없이 한결같이 고집하는 지향점입니다. '콘셉트'보다는 '콘텍스트'에 무게를 둔 건축은 시규뿐만 아니라 동시대의 건축가 대부분이 지향하는 일종의 시대정신이라고 할 수 있겠죠.

브랜드 정체성을 중요하게 여기는 리테일 디자인에서 맥락적
접근을 적용하기가 쉽지는 않을 것 같은데요.

리테일 디자인에서 가장 중요하게 고려해야 하는 요소가
뚜렷한 '시각적 정체성'이라는 점은 누구도 부정할 수
없을 거예요. 모든 브랜드가 다른 브랜드와 차별화되는
독자적인 시각적 문체를 갖고 싶어 하죠. 한눈에 봐도
누구의 공간인지 떠올리게 하는 것이 관건이에요. 하지만
현재 글로벌 브랜드들의 리테일 공간은 전시 기능을 넘어
정서적 교감을 꾀합니다. 물론 그저 '인스타그래머블'한
인테리어를 원하는 브랜드도 있지만요. (웃음) 시각적
정체성만큼이나 소비자와의 감성적 연대를 중요하게
여기기 때문에 요즘 리테일 공간은 그 공간이 들어선
장소의 사회·문화적 맥락, 즉 '장소의 속성'을 충분히
고려해요.

장소의 속성을 고려한 리테일 공간의 예를 든다면요?

시규와 오랜 협업 관계를 이어온 이솝은 장소의 맥락을
중요하게 여기는 브랜드 공간의 적절한 사례입니다.
시규는 2011년부터 지금까지 프랑스와 미국 내슈빌
(Nashville), 도쿄, 런던 등에서 총 열세 곳의 이솝 매장을
디자인했어요. 첫 미팅은 항상 매장이 들어설 장소

주변을 산책하는 것으로 시작해요. 주변 건물들은 어떤 재료로 지어졌는지, 길거리의 도로명이나 숫자는 어떤 글씨체로 쓰였는지부터 동네에 어떤 식당과 갤러리가 있는지, 사람들이 어떤 대화를 나누는지까지 시시콜콜한 동네의 디테일을 관찰한 후 디자인에 대해 논의하죠. 관찰과 숙고는 실내 건축뿐 아니라 리테일 경험을 구성하는 모든 요소에 반영됩니다. 지역에 따라 고객과 판매 사원 사이의 거리, 말을 건네는 방법, 차를 대접하는 방법까지도 달리하는 이솝의 세심한 브랜딩을 통해 리테일 디자인에 대해서도 많이 배울 수 있었어요.

스튜디오 소개 글은 늘 골칫거리다

건축 스튜디오로서 특별히 이루고 싶은 바가 있나요?

건축의 핵심 요소로 삼는 재료만큼 시규가 중요하게
여기는 것은 '리노베이션'이에요. 리모델링 프로젝트뿐만
아니라 거의 모든 프로젝트에서 건축 재료를
재활용하거나 건축적 디테일을 보존하는 방식으로 기존
건물의 특성을 최대한 보존하려고 노력해왔는데요.
최근 재생 건축(regenerative architecture)[5]이라는
용어로도 논의되는 친환경적이고 지역적인 리노베이션
건축의 가능성을 좀 더 깊이
연구하고 싶어요. 라파예트
재단 미술관의 부티크

5   버려진 건물의
원형이나 그 일부를 새롭게
재탄생시키는 건축법.

디스플레이에 사용한 회반죽에 종이를 넣어 굳힌, 일명 '종이 테라조(terrazzo)[6]'와 같은 친환경 건축 재료 개발 연구도 활발히 진행 중이고, 에너지 자립 방안, 철거 폐기물 활용 방안도 함께 연구하고 있어요.

개인적으로 흥미롭다고 여긴 리노베이션 건축 사례가 있을까요?

버려진 건축 자재를 재활용한 사례는 무수히 많아요. 하지만 기존 건물의 건축 자재를 재활용하는 비용이 건물을 부수고 다시 짓는 비용보다 훨씬 많이 들죠. 자재를 재활용하는 설계가 사치로 여겨지지 않으려면 경제적인 모델도 함께 고민할 필요가 있습니다. 이런 관점에서 볼 때 벨기에 브뤼셀 소재 건축가 그룹 호토 (Rotor)[7]의 선구적인 작업은 매우 흥미로워요. 호토는 2016년 건물 해체 및 자재 재활용 플랫폼 호토 DC를 론칭했는데요. 호토 DC는 건물을 철거하는 기업의 의뢰를 받아 철거 건물에서 재사용할 수 있는 자재를 파악하고, 쉽게 재활용할 수 있도록 해체하며, 수거한 자재는 건설 기업에게 판매하고 있습니다. 기업에서 수거하지 않는 일부 자재는 회사 웹사이트에서 직접

6   각종 돌의 파편을 백색 시멘트 등으로 굳힌 모조 자연석.

7   벨기에 브뤼셀에 있는 건축사무소. 건축설계 외에도 인테리어 디자인, 전시, 출판, 정책 컨설팅을 진행한다.

판매하기도 하고요. 호토는 단순한 친환경 설계를 넘어 순환 경제를 위한 총체적인 전략을 제시한다고 볼 수 있죠.

최근 '아키텍처'의 의미가 확장되었다는 생각이 듭니다. 인터넷 공간에서는 '웹 아키텍처'란 단어도 쓰고요. 당신이 생각하는 아키텍처란 무엇인가요.

지금 떠오르는 단어들로 표현하자면, 아키텍처는 '몸의 이동'을 반영한 구조물이에요. 그리고 사람의 움직임을 전제로 한 구조물을 통해 공간적 경험을 구축하는 일이 건축설계죠. 그런 의미에서 본다면 가구 디자인과 웹사이트 디자인도 건축의 범주에 포함할 수 있겠죠. 흔히 건축을 '공학과 예술의 총합'이라고 말하는데요. 수학적 계산과 심미적 연구 외에 인간적 측면까지 포함한다는 점이 건축과 다른 조형물의 가장 본질적인 차이라고 생각해요.

방금 언급한 세 가지 요소가 가장 잘 결합했다고 느낀 건축물이 있다면요?

하나는 일본 교토의 한 왕실 정원에 자리한 다실 (茶室)이었어요. 한 치의 오차도 없이 떨어지는 선,

장인의 손길이 느껴지는 정교한 디테일, 세월의 흔적이 스며들어 더 멋스러운 목재까지, 숨죽일 정도로 아름다운 건축물이었죠. 가장 강렬했던 것은 다실에 자리를 잡고 앉아서 마당을 바라봤을 때, 윗면이 오목하게 파인 커다란 바위 위 고인 물에 비친 달이었어요. 툇마루 공간을 사용하는 이들을 비바람에서 보호하고자 길게 내린 처마가 달을 가리는 것을 감안해, 앉은 사람의 눈높이에 맞춰 커다란 돌을 마당으로 옮겨 윗면을 깎아내고 물을 채운 거죠. 작은 제스처였지만 공간 사용자를 생각하는 건축가의 세심함이 감동적으로 다가왔습니다. 다른 하나는 퐁피두센터[8]예요. 급진적이고 실험적인 건축으로 알려졌지만, 자세히 들여다보면 공간 사용자를 위한 고심의 흔적이 곳곳에 묻어나는 건축물이에요. 시설을 컬러 코드로 구분한 시스템이나 내부 설비를 건물 외부로 이동시켜 박물관 내부 공간을 확충한 점 등이 이를 뒷받침하죠.

패션 디자이너부터 영화감독까지, 건축에서 영감을 찾는 이들이 많아요. 본인은 주로 어디에서 건축적 영감을 찾나요?

너무 진부하게 들리겠지만, 일상에서 발견하는 소소한 디테일에서도 자주 영감을

[8]   1971년부터 1977년 사이에 건축된 프랑스 파리의 복합 문화 시설. 렌초 피아노와 리처드 로저스가 함께 설계했다.

건축 재료를 선정하고 다루는 데 있어 좀 더 구체적이고 세밀한 감식안을 갖기 위해 목재, 강철, 수지, 석고, 시멘트와 같은 다양한 재료를 가지고 직접 실험했어요. 그 과정에서 이 재료들이 어디서 오는지, 환경에는 어떤 영향을 주는지, 어떤 역사를 가지고 있는지 등 그 '출처'에 대한 호기심이 자연스럽게 생겼죠. (⋯) 우리가 원료의 출처를 궁금해하고 수급 경로에 대해 고민하는 자세는 먹거리를 둘러싼 동시대 흐름과도 일맥상통하는 부분이 있어요.

사람마다 차이는 있겠지만, 근 십 년 전부터 '좋은 재료'는 식문화의 중심에 놓였는데요. 그저 그런 당근에 갖가지 재료와 양념을 더해 요리하는 것보다 농부가 정성껏 재배한 맛 좋은 당근 본연의 맛을 즐기고 선호하는 풍토가 자리 잡은 거죠. 우리가 지향하는 건축도 마찬가지예요. 재료가 어디에서 오는지 질문하고, 좋은 재료를 선택하며, 재료 본연의 멋이 부각될 수 있도록 핵심만 남긴 디자인을 하죠.

얻어요. 오래된 카페 화장실 세면대의 높이라든지 바 테이블의 독특한 목재 장식 같은 것에서요. 일상의 풍경을 제대로 들여다보는 습관만큼 창작의 영감을 얻는 좋은 방법도 없고요. 물론 바쁘게 살다 보면 주변 환경에 주의를 기울이기 쉽지 않은 것 또한 사실이지만요. 한 장소에 오래 머무르는 여행은 일상의 감각을 되찾는 효과적 방법 중 하나예요. 생전 처음 방문한 지역에서 늘 해온 것처럼 장을 보고 집 앞을 산책하는 등 소소한 행위를 하다 보면 디테일들이 눈에 들어오고 감각이 깨어남을 느낄 수 있죠.

해외 출장이 잦은 탓에 여행을 길게 떠나기가 어렵지는 않나요?

프랑스의 가장 위대한 발명이라고 말하고 싶은 여름휴가를 이용해요.(웃음) 여름에 한 달간은 일 생각을 접어두고 오롯이 가족과 함께 시간을 보냅니다. 해외 파트너에게 설명하기가 늘 쉽지 않지만, '더 잘' 일하려면 쉬어가는 시간은 반드시 확보해야 해요. 최근 들어서는 현지답사를 충분히 할 수 없는 일정의 해외 프로젝트는 가급적 거절하고, 프랑스 안에서 진행하는 프로젝트에 주력하고 있어요. 현장에 머무는 이틀 동안 중요한 결정을 다 내려야 하는 해외 프로젝트에서 환경적이고 지역적인 건축을 지향한다는 것 자체가 어불성설이더라고요.

내가 하는 일의 절반은 외교에 가깝다

요즘 일주일의 스케줄은 어떻게 되나요?

> 중요한 프로젝트가 몰린 시기라 야근이 잦고, 주말에도
> 가끔 일을 하네요. 작년부터 주말을 활용해서 올해 이사할
> 집을 짓기 시작했는데, 스케줄이 바빠지면서 공사가
> 도무지 진전될 기미가 보이지 않아요.

직접 집을 짓고 있군요.

> 가끔 친구들이 일손을 보태기도 하는데, 대부분은 제
> 손으로 하고 있어요. 많이 경험해본 실내 공사는 거래
> 업체의 도움을 받을 예정이고요. 어려서부터 장난감,

자전거, 오토바이 등 제가 사용하는 물건은 직접 만들어야 직성이 풀리는 성격이었어요. 스케줄에 여유가 있진 않지만, 시간이 걸리더라도 가족과 함께 살 첫 주택은 꼭 제 손으로 짓고 싶었죠.

건축가의 기질은 타고난 것 같네요. 다른 직업을 꿈꿔본 적은 없나요?

틈만 나면 그림을 그리거나 기계를 조립하다 보니, 건축에 소질이 있다는 건 집안사람들 모두 알고 있었다고 해요. 건축가 외에 자주 거론된 직업은 흥미롭게도 외교관이었어요. 정작 저 자신은 잘 몰랐던 부분이지만, 어려서부터 여러 사람을 중재하는 능력이 있었다고 해요. 아무래도 아버지에게는 기술공의 기질을, 어머니에게는 소통가의 기질을 물려받은 게 아닌가 싶습니다. 결국 외교관이 아닌 건축가가 되었지만, 따지고 보면 제가 하는 일의 절반은 외교에 가깝다고 느낄 때도 많아요. 건축은 워낙 개입된 사람이 많은 일이잖아요. 그러다 보니 상대방의 이야기를 경청하고 사람들 간 교류를 부드럽게 만드는 '주의 깊은 귀'를 갖는 것 또한 디자인을 잘하는 일만큼 중요하죠. 아무리 좋은 아이디어가 있다 하더라도 그것을 하나의 결과물로 녹여내지 못한다면 의미가 없으니까요.

현재 가장 큰 고민이 있다면 무엇인가요?

창작하는 시간을 확보하는 것이요. 건축가로 일하는 게
어려운 이유 중 하나는 창의적이어야 하지만 예산과 시간,
요구 사항 준수, 팀 매니징까지 현실적으로 고려해야 하는
수칙과 제약이 너무 많다는 점입니다. 사전 기획을 맡게
되면서 아틀리에와 현장에서 보내는 시간은 줄어들었고,
컴퓨터로 작업하는 시간은 현저히 늘었는데요.
반나절이라도 혼자 아틀리에에서 모형을 만들거나 손으로
그림을 그리는 시간을 갖고 싶지만, 급히 답해야 하는
클라이언트의 이메일이 수십 통씩 도착하고, 미팅이
꼬리에 꼬리를 무는 상황이에요. 하루 일정을 마치고 나면
아무 일도 하지 않은 듯 허한 기분이 들 때가 많고요.

광적인 속도로 돌아가는 일상에서 벗어나 마음을 안정시키기 위해
찾는 장소가 있나요?

저는 파리에서 나고 자란 토박이라서 탁 트인 전망이
있는 곳에 가면 마음이 안정돼요. 지금 떠오르는 장소는
프랑스 남서부에 위치한 랑드(Landes) 지역에 있는
드라이브 경로입니다. 이 길은 처음에는 웅장한 나무들이
빽빽하게 들어선 숲속에서 시작해 메마른 갈대밭으로
이어져요. 바람이 유독 많이 부는 지역이라 갈대들이 꺾일

듯 휘날리는 역동적인 풍경을 지나면 고요한 모래언덕의 중턱에 다다르죠. 온통 베이지색의 매끄러운 모래산으로 시야가 가려진 길을 따라가다 보면, 어느새 짙고 푸른색의 광활한 바다가 눈앞에 펼쳐져요. 이 길을 지나는 것은 마치 영화적 경험과 같습니다. 어떤 해설도 필요 없는 즉각적이고 경이로운 경험이요.

마지막으로 건축가를 꿈꾸는 이들에게 해줄 조언이 있다면 알려주세요.

건축사상가 유하니 팔라스마(Juhani Pallasmaa)[9]는 손의 움직임에는 생각이 숨어 있다고 말했어요. 재료를 직접 만지고 가공하고 조립하는 과정에서 얻는 지식, 손을 통해서만 배울 수 있는 지식은 사용자에게 초점을 맞추는 건축적 구상에서 없어서는 안 될 요소거든요. 재료에 대해 많이 알면 실험적인 디자인을 할 때 독이 될 수 있다는 인식도 있지만, 꼭 그렇지만은 않아요. 엔지니어와 같은 기술적 언어를 공유한다는 것이 건축가에게 얼마나 큰 자산인지 곧 깨닫게 될 겁니다.

9   1936년 핀란드 출생의 건축가. 전시 디자이너, 작가, 교수로도 활동한다. 1978년부터 1983년까지 핀란드 건축 박물관의 관장을 역임했으며 유럽, 미국, 아시아, 아프리카 등 여러 나라에서 건축과 교수로 활동했다. 문화철학, 환경심리학, 건축 이론에 대해 서른 권이 넘는 책을 집필했다.

손으로 배우는 즐거움을 기억하세요

위고 아스는 1982년 프랑스 파리에서 태어나서 자랐다.

—

프랑스 국립 예술 학교 파리 보자르(Beaux-Arts de Paris)에서
2년간 순수미술을 전공하다가 국립 건축 학교 라 빌레트로
편입학했다.

—

2003년 라 빌레트에서 만난 다섯 친구들과 건축·인테리어 디자인
스튜디오 시규를 공동 창립했다.

—

2003년부터 2020년까지 시규의 크리에이티브 디렉션을
담당했던 위고 아스는 2020년 2월, 시규를 떠나 독립했다. 현재
건축과 예술을 아우르는 친환경적 실천과 연구에 중점을 둔 개인
사무소 론칭을 앞두고 있다.

—

instagram @hugohaas_studio

*
본 글은 위고 아스가 시규 소속으로 진행한 마지막 인터뷰다.
그는 '잡스' 인터뷰를 마치고 한 달쯤 뒤, 친환경 건축에 본격적으로
매진하기 위해 시규를 떠나 독립하기로 결정했다.

위고 아스
Hugo Haas

"

영화나 소설과 같은 '픽션'에서 영감을 많이 받는
편입니다. 영어-일본어 번역가였던 어머니를 통해
일찍부터 구로사와 아키라, 오즈 야스지로, 미조구치
겐지와 같은 일본 감독들의 영화를 접했어요.
또 영미권 소설과 영화를 보면서 자란 영향도 컸고요.
이런 픽션 작품들은 머릿속에서 무궁무진한 상상의
세계와 이야기를 만들어내는 원천이었어요.
힘 있는 건축 디자인은 그만의 내러티브 구조와 밀도를
지니기 마련이라, 영화나 책을 많이 보면 설득력 있는
디자인 작업을 하는 데 도움이 된다고 생각합니다.

"

구라마타 시로
Shiro Kuramata
—

1934년 일본 도쿄 출신의 디자이너.
1991년 세상을 떠날 때까지 상업공간을
비롯한 가구와 조명, 제품 디자인에
이르기까지 폭넓은 분야에서 활동했다.
특히 상업공간 디자인에서 미니멀 아트와
개념미술의 영향을 받은 작품을 선보였다.

구로사와 아키라
Akira Kurosawa
—

1910년 도쿄 출생의 일본 영화감독. 일본
영화계뿐 아니라 세계 영화사에서 중요한
인물이다. ‹라쇼몽›, ‹7인의 사무라이›,
‹살다(生きる)› 등이 대표작이다. 일본
사회를 면밀히 관찰하여 일본만이 가진
색채를 확연히 드러내는 것이 특징이다.

김승회
—

1963년 강원도 출생의 한국 건축가.
현재는 서울대학교 건축 학과 교수로
후학을 양성하는 동시에 서울시 위촉
총괄 건축가로 활동하고 있다. 어린 시절
문학과 미술에 빠져 있던 그는 건축에
관심을 가지게 되었고 이후 서울대학교
환경대학원, 세계장신구박물관 등을
설계하며 건축가로 자리 잡는다. 건축설계
외에도 도서 «시간을 짓는 공간», «주택,
삶의 형식을 찾아서»를 출판하기도 했다.

김종성
—

1935년생 한국의 건축가. 미스
반데어로에의 건축사무소에서 일한
유일한 한국인으로, 1984년 서울 힐튼
호텔을 설계했다.

김태수
—

1936년생 한국의 건축가. 한국 전통
건축에서 영감을 받아 주변 자연경관과
어울리도록 설계한 국립현대미술관
과천관이 대표작이다. 미국에서도
활동하며 저소득층을 위한 ‘밴 블록 주택
(Van Block House)’을 설계해서 이목을
끌었고 이후 여러 작업을 통해 미국
건축물 베스트 텐의 순위권에 오르기도
했다.

네모 라이팅
Nemo Lighting
—

1993년 밀라노에서 시작한 이탈리아의
조명 디자인 회사.

노먼 포스터
Norman Foster
—

1935년생 영국의 건축가. 강철과 유리를
이용해서 매끈하고 현대적인 디자인을
선보인다. 주요 건축물로 애플 사옥, 런던
시청, 홍콩 HSBC 빌딩 등이 있다.

놈 아키텍츠
Norm Architects

—

2008년 코펜하겐에서 시작한
건축·디자인 스튜디오. 건축뿐 아니라
가구, 사무실 인테리어, 산업 디자인, 사진
등의 분야를 다룬다. 규범과 전통에서
얻은 영감을 가구로 풀어내며 절제와
정제의 미학에 초점을 두는 북유럽
디자인으로 유명하다.

니시자와 류에
Ryue Nishizawa

—

1966년생 일본의 건축가. 대학을
졸업하자마자 세지마 가즈요 조합에
합류해 작업을 이어나갔다. 1997년
세지마와 함께 사나(SANAA)라는
건축사무소를 설립했고, 루브르 박물관의
분점 격인 프랑스의 루브르 랑스, 뉴욕의
뉴 뮤지엄을 설계하며 혁신적 디자인으로
전 세계의 주목을 받았다. 2010년에는
세지마와 함께 프리츠커상을 수상했다.

단게 겐조
Kenzo Tange

—

1913년 오사카 출생의 일본 건축가.
고등학교 시절 르코르뷔지에의 작업을
신문에서 발견한 것이 그를 건축가의
삶으로 이끌었고 일본 전통 건축을
현대적으로 풀어내는 작품 활동을
이어나갔다. 제2차 세계대전 이후 단게는
도시계획가로 활동하면서 히로시마를
재건했고 히로시마 평화 추모 공원을
만들면서 세계의 주목을 받았다. 1987년
프리츠커상을 수상했다.

데니스 파피티스
Dennis Paphitis

—

1963년 멜버른 출생으로 호주 스킨케어
브랜드 이솝의 창립자. 이솝을 브라질
화장품 회사 나투라에 매각 후 그는 현재
이솝의 경영 방향에 도움을 주고 있으며,
전도유망한 스타트업들의 고문으로
활동하고 있다.

데이비드 아자예
David Adjaye

—

1966년생 탄자니아의 영국인 건축가.
대표 작품으로 오슬로에 지은 노벨
평화센터가 있다. 가구 디자이너로도
활동하며 폭넓은 분야에서 재능을 보이는
그는 패션 디자이너 알렉산더 매퀸
(Alexander McQueen)과 사진가 유르겐
텔러(Juergen Teller)의 집을 지은
것으로도 유명하다.

도널드 저드
Donald Judd

—

1928년생 미국의 예술가. 미술
비평가이자 미술가로 활동했으며 20세기
미니멀리즘의 선구자로 평가받는다.

드릴 디자인
Drill Design

—

2001년 도쿄에서 시작된 디자인
사무소. 2012년 페이퍼우드(Paper-
Wood, 종이와 나무 합판을 섞어서 만든
신소재)를 선보이며 세간의 주목을
받았다. 무지, 캐논, 캠퍼 등 수많은
파트너와 협업을 하며 그들만의 혁신적
프로그램을 진행하고 있다.

라 빌레트
Ecole d'Architecture de Paris-la-
Villette

—

1969년에 창립한 고등 건축 국립학교로
프랑스에 있는 스무 곳의 건축 국립학교
중 하나다. 이 학교는 건축, 철학, 역사,
지리, 영화 등 다양한 문화 수업을 통해
학생들로 하여금 복합적 사고를 하도록
장려한다. 건축과 공간에 이 같은 복합
사고를 녹여낼 수 있도록 돕는 교육
과정을 제공하는 게 이들의 목표다.

라 사마리텐
La Samaritaine

—

프랑스 파리 1구에 위치한 백화점. 1870년
프랑스 사업가 에르네스트 코냑(Ernest
Cognacq)이 창립한 곳으로 퐁네프 역
근처에 있다. 현재 프랑스 패션 대기업
LVMH 산하에 있다.

라파예트 재단
Fondation d'entreprise Galeries
Lafayette

—

프랑스 파리에 있는 갤러리 라파예트
백화점이 세운 재단. 예술가들이 창조적
작업을 자유로이 선보일 수 있도록
2018년 3월부터 라파예트 안티시파시옹
(Lafayette Anticipations)이라는
아틀리에를 만들었다.

렌초 피아노
Renzo Piano

—

1937년생 이탈리아 제노바 출신의
건축가. 33세의 젊은 나이에 리처드
로저스와 함께 퐁피두센터를 설계했다.
대표작으로 뉴욕타임스 본사, 하버드
미술관, 더 샤드 등이 있다.

렘 콜하스
Rem Koolhaas

—

1944년생 네덜란드의 건축가. 건축을
시작하기 전에 저널리스트와 영화
시나리오 작가로 활동했다. 현재는 건축
이론가, 도시계획가로도 활동하고 있다.
해체주의 건축을 거론할 때 빠뜨릴 수
없는 건축가이며 2009년 «타임»이
선정한 '세계에서 가장 영향력 있는 100
인'에 선정되었다.

로라 베티
Laura Betti
—

1927년생 이탈리아의 배우. 이탈리아의 영화감독 페데리코 펠리니(Federico Fellini)와 함께 작업한 ‹달콤한 인생(La Dolce Vita)›로 데뷔한 그는 로마에 오기 전 재즈 가수로 활동했다. 1960년대부터 문학과 정치에 관심을 보였고 그 당시 정치인과 문학인의 뮤즈가 되기도 했다. 이탈리아의 영화감독 피에르 파솔리니와 각별한 관계였던 로라는 2001년에 그에 대한 다큐멘터리를 제작하기도 했다.

루이스 바라간
Luis Barragan
—

1902년 멕시코 출생의 건축가이자 엔지니어. 현대건축의 시각적, 개념적 측면에 영향을 끼쳤다. 그는 르코르뷔지에를 통해 유럽 현대주의에 영향을 받았으며 그 결과 카사 지라르디(Casa Gilardi) 같은 대표작에서 현대주의 사조의 전형인 깔끔한 선 표현을 찾아볼 수 있다.

르메르
Lemaire
—

크리스토프 르메르(Christophe Lemaire)와 사라 린 트란(Sarah-Linh Tran)이 1992년에 공동 창립한 프랑스의 의류 브랜드. 간결하며 시대를 초월한 디자인의 의류를 제작하는 게 모토다.

르코르뷔지에
Le Corbusier
—

1887년생 프랑스계 스위스 건축가. 현대건축 이론의 선구자이자 현대 도시공학에 큰 영향을 준 인물. 인체 비율을 기초로 황금분할을 찾아내 건축에 적용한 표준 모듈러 이론(Le Modulor)을 창안해서 근대 건축설계의 토대를 다졌다.

리처드 로저스
Richard Rogers
—

1933년 이탈리아 피렌체에서 태어나 영국으로 이주한 건축가. 첨단 기술을 접목해서 기능적이고 현대적인 디자인을 그려내는 것이 특징이다.

마르셀 브로이어
Marcel Breuer
—

1902년생 헝가리의 현대주의 건축가이자 가구 디자이너. 20세기 디자인을 대표하는 건축가 중 한 명으로 미술관, 도서관, 대학교, 아파트 등 다양한 종류의 건물을 설계했다. 그가 만든 바실리(Wassily) 의자와 세스카(Cesca) 의자는 20세기에서 가장 중요한 의자 열 순위 안에 포함되었다.

마리아 칼라스
Maria Callas
—

1923년 뉴욕 출생의 그리스계 미국

오페라 가수. 많은 비평가들은 그의 벨칸토(18세기에 확립된 이탈리아의 가장 기법)를 극찬했으며 넓은 음역대의 목소리와 풍부한 감정 표현을 높이 평가했다.

마크 로스코
Mark Rothko
—

1903년생 러시아계 미국 화가. '색면 추상'이라 불리는 추상표현주의의 선구자로 거대한 캔버스에 스며든 모호한 경계의 색채 덩어리로 인간의 근본적 감성을 표현했다.

마키구미
Makigumi
—

일본 미야기 현 이시노마키 시를 기반으로 활동하는 크리에이티브 팀. 도호쿠 지역의 빈집을 저렴하게 사들여서 리노베이션을 시행한 뒤 20~30대 이주자에게 주거 및 사무 공간을 제공하는 일을 주로 한다.

마키 후미히코
Fumihiko Maki
—

1928년 도쿄 출생의 일본 건축가. 신기술에 큰 관심을 가지고 있으며 이를 현대적 디자인의 건축으로 풀어냈다. 1993년에 프리츠커상을 수상했다.

맬컴 글래드웰
Malcolm Gladwell
—

1963년생 영국계 캐나다 작가. 지금껏 출판한 여섯 권의 책 중에 «뉴욕타임스»가 선정한 베스트셀러에 다섯 권이 올랐다. 기자, 강연가로도 활동 중이며, 사회심리학적으로 사람들의 행동 패턴과 사회현상을 설명하는 게 특기다.

미스 반데어로에
Mies van der Rohe
—

1886년생 독일의 모더니즘 건축가. 르코르뷔지에와 더불어 현대건축의 거장 중 한 명. 모더니즘을 배척했던 나치즘을 피해 미국으로 이주한 그는 명확성과 단순함으로 대표되는 그만의 건축양식을 구축했다.

미조구치 겐지
Kenji Mizoguchi
—

1898년 도쿄 출생의 일본 영화감독. 최초로 대중에게 페미니스트 영화를 선보인 감독이기도 하다. 그의 영화는 여성의 승리를 주로 다루며 특히 일본 사회에서 차별받는 여성이 주요 등장인물이다. ‹우게스 이야기›로 베네치아 국제영화제 은사자상을 수상했으며 ‹오하루의 일생›, ‹게이샤› 등이 그의 대표작이다.

밀라노 살로네 사텔리테
Milano Salone Satellite

—

밀라노 가구박람회(Salone del Mobile.Milano)에 참여하는 35세 이하 젊은 디자이너에게 주목하는 이벤트 코너.

반 시게루
Shigeru Ban

—

1957년 도쿄 출생의 일본 건축가. 종이를 써서 건물을 건축하는 혁신적인 작업으로 알려져 있다. 건축가는 건물을 짓는 것뿐만 아니라 사회에 기여할 수 있는 작업을 해야 한다는 신념 아래 종이로 공간을 구분한 이재민 대피소를 만들기도 했다. «타임»에서 뽑은 21세기의 혁신적인 건축가에 포함되었으며 2014년에 프리츠커상을 수상했다.

‹본 투 비 머더드(Born to Be Murdered)›

—

2020년 개봉 예정인 페르디난도 감독의 장편 스릴러 영화. 한 젊은 연인이 그리스로 휴가를 가는 동안 음모에 빠지는 이야기를 다룬다. 일본의 유명 음악인 사카모토 류이치(Ryuichi Sakamoto)가 음악을 담당했으며 루카 감독이 제작 과정에 참여하기도 했다.

빅토리아&앨버트 뮤지엄
Victoria & Albert Museum

—

1852년 영국 런던 사우스 켄싱턴에 설립된 세계 최대의 공예 박물관. 영국의 왕립박물관 중 하나로 227만 점이 넘는 공예품과 조각품이 전시되어 있다.

샤토 마몽
Chateau Marmont

—

미국 캘리포니아 로스앤젤레스 선셋대로에 위치한 호텔. 1929년에 지어진 이 호텔은 프랑스 루아르 계곡에 있는 왕실 별장인 샤토 앙부아즈 (Chateau Amboise)를 본떠 지어졌다. 할리우드 스타들이 다녀간 곳으로 유명한 이곳은 영화 ‹라라랜드›의 촬영지이기도 하다. 호텔, 바, 레스토랑 등을 운영한다.

산와컴퍼니
Sanwa Company

—

세면대나 부엌 가구 등을 전문으로 다루는 온라인 소매 회사. 가정 인테리어 디자인에 특화되어 있으며 가정용 기구와 건축 자재를 제공한다.

세지마 가즈요
Kazuyo Sejima

—

1956년생 일본의 건축가. 간결하고 현대적인 디자인으로 유명하고 주로

유리, 대리석과 같은 매끄럽고 표면이
빛나는 소재를 이용한다. 주변 환경과 큰
창을 활용해서 건물 외부와 내부 사이에
유연한 변화를 주는 작품을 선보였다.
2010년 프리츠커상을 수상하며 이 상을
받은 두 번째 여성이 되었다.

소가베 마사시
Masashi Sogabe
—

1962년생 일본의 건축가. 가나자와
대학교 교수로 재임 중이며 공간
디렉터로도 활동하고 있다. 일본
건축사무소 미칸(Mikan)의 공동
창립자로 공공건물에서 개인 주택까지
설계하며 폭넓은 활동을 하고 있다.

수퍼로봇
Super Robot
—

일본 도쿄에 위치한 금속 가구를 제작하는
기업. 원목에 청동, 은, 강철 등 다양한
종류의 금속을 더해서 의자, 탁자, 소파
등을 만든다.

«스쿨 블루프린트(School Blueprint)»
—

네임리스 건축이 설계한 동화 고등학교
내 삼각학교의 건축 과정을 상세 기술한
서적. 한국 학교 건축의 대안을 탐색한
자료이자 미래 학교 건축에 대한 새로운
방향을 제시하는 책이다. '꿈'과 '실현'
챕터로 나눠진 이 책은 유럽 학교 건축의
선례를 제시하면서 현재 한국 상황을

분석하고 향후 실현 가능한 건축을
논한다.

스티븐 홀
Steven Holl
—

1947년생 미국의 건축가. 건축가는
추상적인 것에서 현실을 끌어내야 한다고
주장하며, 현상학적 개념(다양한 현상을
포착해서 그 본질을 직관적으로 파악하는
철학운동)을 현대적이고 실용적 방식으로
풀어내는 건축 스타일을 선보인다.

승효상
—

1952년 부산 출신의 한국 건축가. 한국
근현대건축의 핵심 인물인 김수근의
제자로 한국의 파주 교보문고 센터,
조계종 불교전통문화센터, 시안
가족추모공원 등 한국 건축에 의미 있는
작품들을 선보였다.

시규
Ciguë
—

파리 근교에 위치한 디자인 및
건축사무소. 2003년 목공소이자
세공소로 시작한 이 스튜디오는 같은
학교에서 공부하던 네 명의 학생이 공동
창립했다. 건축, 과학, 문학 등 여러
분야를 이어주는 초학문적 자세는 시규의
작업에서 핵심적인 부분이다. 13개국에서
200개가 넘는 프로젝트를 진행해왔으며
문화, 예술, 패션, 거주 등 다양한 분야의

건축설계를 담당한다.

실비아 벤투리니
Silvia Venturini
—
1961년생 이탈리아의 패션 디자이너.
펜디의 창립자인 안나 펜디(Anna
Fendi)의 딸이며 펜디의 남성복,
액세서리 크리에이티브 디렉터로
활동하고 있다. 2006년 이후부터 루카
감독과 협업을 지속해왔으며 2007년에는
함께 프로덕션을 만들어 조르조 아르마니,
살바토레 페라가모 등 이탈리아 럭셔리
브랜드의 영상 디렉터로 활동했다.

아그네스 마틴
Agnes Martin
—
1912년 캐나다 출생의 미국 추상주의
화가. 대중과 예술계에서 미니멀리스트로
간주되었지만 자신은 스스로를
추상표현주의자로 여겼다. 미국에서
학위를 얻은 이후 뉴멕시코로 넘어가서
그린 추상화가 뉴욕 미술계를 사로잡았다.

아키텍처 워크숍
architecture WORKSHOP
—
1995년 건축가 고 기타야마(Kitayama
Koh)가 도쿄에 설립한 건축사무소.
아파트, 공공건물, 개인 사옥 등 넓은
범주의 건축설계를 담당한다. 주로 일본
국내에서 활동하며 저렴한 예산으로
지어진 케이하우스(K-House), 요요기

아파트, 롯폰기 1가역 1번 출구 등을
설계했다.

«아키텍처럴 레코드(Architectural
Record)»
—
1891년에 창간한 건축, 인테리어 월간지.
이 월간지는 지금껏 전 세계의 주목할
만한 건축, 디자이너, 엔지니어를
조명하면서 꾸준히 구독자를 늘려왔다.
높은 수준의 사진이 이 잡지의 명성에 큰
기여를 했다.

안도 다다오
Tadao Ando
—
1941년생 일본의 건축가. 권투 선수로
활동했던 그는 건축을 전문적으로
배운 적이 없지만 근대건축을 대표하는
건축가로 발돋움해 프리츠커상을
수상했다. 빈 공간을 강조해서 단순함의
미를 보여주는 것으로 유명하다.

알베르토 모라비아
Alberto Moravia
—
1907년 로마 출생의 이탈리아 작가이자
기자. 근대의 성적 요소, 사회적 소외,
실존주의를 주로 다뤘으며, 대표
작품으로 데뷔작 «무관심한 사람들
(Gli indifferenti)», 영화 ‹순응자
(The Conformist)›로 각색된 «경멸
(Il-Conformista)» 등이 있다. 그는 작품
속에서 냉철하고 정밀한 문체를 사용해서

부르주아의 문제를 묘사했다.

앤서니 드보브스키
Anthony Dubovsky
—
1945년 캘리포니아 샌디에이고 출신
미술가. U.C. 버클리 대학교의 건축
명예교수로 활동하고 있다. 그의 영감의
원천은 잊힌 노래, 도시의 그림자, 가족
이야기 등이다. 뉴욕의 비영리단체인 큐
아트 파운데이션 갤러리에서 단독 전시를
진행한 적이 있다.

오즈 야스지로
Yasujiro Ozu
—
1903년 도쿄 출생의 일본 영화감독이자
각본가. 무성영화가 주류를 이뤘던
1930년대에 활동을 시작해서 타계
직전까지 꾸준하게 작품 활동을
이어나갔다. 〈태어나기는 했지만〉,
〈아버지가 있었다〉, 〈동경 이야기〉가
대표작.

오픈하우스서울
OPENHOUSE SEOUL
—
매해 10월, 평소 방문하기 힘든 도시의
환경과 장소, 유산을 한시적으로 개방해서
뛰어난 건축물을 소개하고 도시의 역사를
엿볼 수 있는 장소를 통해 도시 환경에
대한 일반의 이해를 돕는 건축 축제.
임진영 건축전문기자가 기획하고 조직한
비영리단체가 운영하고 있다. 리서치,
출판, 포럼, 전시 등 여러 매체를 활용해
도시와 건축에 대한 다각적인 콘텐츠를
기획하고 있다.

올라퍼 엘리아손
Olafur Eliasson
—
1967년 코펜하겐 출생 덴마크의
설치미술가. 엘리아손은 조각과 규모가
큰 설치미술로 잘 알려져 있다. 주로 빛,
물, 온도를 이용해서 관람자의 경험을
풍요롭게 만드는 작품을 구상한다. 1995
년 베를린에 올라퍼 엘리아손 스튜디오를
설립하면서 공간 연구를 시작했으며 런던
테이트모던에 설치한 날씨 프로젝트(The
Weather Project)로 주목을 받았다.

**〈우리는 우리 자신이다(We Are Who
We Are)〉**
—
루카 감독이 직접 각본을 쓰고 감독 및
제작을 맡은 TV 시리즈. 이탈리아의
미군 기지에 사는 두 명의 미국 청소년이
성년이 되는 동안 겪는 일을 다루고
있다. 2020년 방영 예정으로 제작에는
HBO, 와일드사이드, 스카이 아틀랜틱
이탈리아가 참여했다.

유하니 팔라스마
Juhani Pallasmaa
—
1936년 핀란드 출생의 건축가. 전시
디자이너, 작가, 교수로도 활동한다.
1978년부터 1983년까지 핀란드 건축

박물관의 관장을 역임했으며 유럽, 미국, 아시아, 아프리카 등 여러 나라에서 건축과 교수로 활동했다. 문화철학, 환경심리학, 건축 이론에 대해 서른 권이 넘는 책을 집필했다.

육스 네타포르테
Yoox Net-A-Porter
—

2015년 10월 5일, 육스 그룹과 네타포르테 그룹의 합병으로 태어난 이탈리아의 온라인 패션 리테일 그룹. 육스는 2000년 밀라노에서 페데리코 마르체티가 창립했고 네타포르테는 2000년 런던의 내털리 매스넷(Natalie Massenet)이 세웠다. 육스 네타포르테는 합병 후 180개국이 넘는 국가에서 이용 가능한 세계적인 이커머스 회사로 거듭났다.

이소자키 아라타
Arata Isozaki
—

1931년생 일본의 건축가. 1979년부터 5년 동안 프리츠커상 초대 심사위원으로 활동하기도 했다. 이소자키는 일본의 건축적 색채를 20세기의 가장 명망 있는 건축물에 녹여낸 인물이다. 한 가지의 건축양식에 머무르지 않고 프로젝트의 성격에 맞게 디자인을 변모시키는 게 장기다. 2019년 프리츠커상을 받았다.

이시노마키 공방
Ishinomaki Lab
—

2011년 동일본대지진으로 피해 입은 지역공동체를 위한 공공 워크숍에서 시작된 가구 공방. 재해민이 공동 대피소에서 유용하게 사용할 수 있는 가구를 고안한 것이 최초의 DIY 가구 브랜드 설립으로 이어졌다. 간결한 디자인의 힘으로 DIY 가구의 영역을 넓혀가고자 하는 이념 아래 브랜드를 운영하고 있다.

이케이도 준
Jun Ikeido
—

1963년생 일본의 소설가. 은행원으로 일하다가 1998년 《끝없는 바닥》으로 데뷔해서 작가의 길을 걸었고 《한자와 나오키》가 기록적인 성공을 거두며 드라마로 제작되기도 했다. 경제 소설을 집필하는 일본 작가 중 가장 유명한 인물이다.

이토 도요
Toyo Ito
—

1941년생 일본의 건축가. 물리적, 가상적 세계를 동시에 표현하는 개념적인 건축 스타일로 유명해진 그는 전 세계에서 가장 혁신적이고 영향력 있는 건축가 중 한 명으로 평가받고 있다. 2013년 프리츠커상을 받기 전에도 세계적 건축상을 휩쓸며 주목받았다. 덴마크, 영국, 이탈리아, 프랑스, 대만 등의 미술관에서 그를 주제로 전시를 진행했다.

임재용
—

1961년 서울 출생의 한국 건축가. 사회, 경제, 문화의 변화를 건축에 담아내고자 한다. 광림교회 수도원 야외 음악당, 오름(묵방리 주택) 등이 주요 작품이다. 2019 서울 도시건축비엔날레의 총감독을 맡기도 했다.

자오주오
ZAOZUO
—

이탈리아의 인테리어 디자이너 루카 니체토(Luca Nichetto)를 크리에이티브 디렉터로 둔 중국 가구 스타트업. 좋은 품질에 낮은 가격으로 인테리어 가구를 유통하며 의자, 선반, 소파, 인테리어 소품 등 다양한 카테고리의 가구를 제공한다.

자코모 레오파르디
Giacomo Leopardi
—

1798년생 이탈리아의 시인. 19세기 이탈리아 시인 중 가장 위대한 시인으로 손꼽힌다. 이탈리아 낭만주의 시의 선구자였던 그는 주로 존재의 이유, 삶에 대한 깊은 통찰, 인간에 대한 고뇌를 이야기하는 작품을 선보였다.

자하 하디드
Zaha Hadid
—

1950년생 바그다드의 이라크계 영국 건축가. 프리츠커상을 수상한 최초의 여성으로 동대문 DDP를 설계한 것으로 유명하다. 건축가뿐만 아니라 소품 디자이너로도 활동했기 때문에 굉장히 섬세하고 기존의 건축가와 다른 관점으로 건축물에 접근하는 경향을 보인다.

장 누벨
Jean Nouvel
—

1945년생 프랑스의 건축가. 파리의 예술 대학교 에콜 데 보자르를 수석으로 입학하며 작품 활동을 시작했다. 그의 작품은 스타일과 이념을 고려해서 나온 결과물이 아니라 사람, 시간, 장소를 고려한 독특한 개념 창조를 통해 만들어진다. 2008년 프리츠커상을 수상했다.

장 자크 베넥스
Jean-Jacques Beineix
—

1946년 프랑스 파리 출신으로 ‹미셸 씨의 개›라는 단편영화로 주목받으며 데뷔했다. 그 이후 오스카 후보에 오른 ‹베티 블루›, 토론토영화제 최우수 작품상을 받은 ‹디바(Diva)› 등 여러 장편영화를 내놓으며 1980년대를 대표하는 프랑스 영화감독으로 자리 잡았다.

장 프루베
Jean Prové
—

1901년생 프랑스의 건축가이자 가구
디자이너. 아버지에게 배운 금속 공예
기술을 활용해 금속을 가구에 접목시키는
작업을 했다. 미학적 부분을 놓치지 않고
제조 기술을 변화시켜 가구에 적용시킨
것이 특징이다. 대표 작품 '스탠다드
체어'는 실용적이면서도 세련된 장
프루베의 디자인을 잘 보여준다.

젊은건축가상
The Architectural League Prize for
Young Architects
—

1981년부터 미국건축연맹이 진행해 온
경연 대회. 졸업 10년 이하의 건축가와
디자이너가 참여할 수 있다. 건축가,
예술가, 비평가들의 심사로 우승자를
결정한다.

정소영
—

1979년 프랑스 태생의 한국 예술가.
프랑스와 한국을 오가며 유년기를 보냈던
그는 현재 서울을 중심으로 활동하고
있다. 설치 및 비디오 미술을 통해
공간에서 형성되는 역사성을 연구하며
공간이 가지는 의미를 분석한다.
2016년 DMZ 프로젝트에 참여하며
사회와 환경을 다루는 작품을 선보였으며
다양한 분야의 예술가들과 협업하며 작품
활동을 이어나가고 있다.

젠데이아
Zendaya
—

1996년생 오클랜드 출신의 미국 배우.
2010년 디즈니 채널의 청소년 시트콤으로
데뷔했다. 〈스파이더맨: 홈커밍〉의
여주인공으로 알려졌다. 배우뿐 아니라
가수로도 활동하는 등 다양한 장르에서
재능을 보이는 엔터테이너.

조민석
—

1966년 서울 출생의 한국 건축가. 제주도
다음 스페이스닷컴, 오설록 티스톤, 남해
사우스케이프 오너스클럽 등으로 잘
알려진 그는 비슷한 형태의 공간 안에서
새로운 시도를 하는 건축가다. 2014년
베네치아 비엔날레 국제 건축전에서
황금사자상을 수상했다. 2003년 매스
스터디스 사무소를 세우고 활발하게
작업을 이어나가고 있다.

조병수
—

1957년 서울 출생의 한국 건축가.
자연과 어우러지는 건축설계를
중시한다. 도산공원의 퀸마마마켓,
안중근 기념관, 강원도 화천군에 있는
소설가 이외수의 집이 대표 작업이다.
자연과 인간을 엮어서 그 속에서 사람이
경험할 수 있는 공간을 만들어주는
건축을 지향한다. 2005년 파이돈
출판사가 5년마다 선정하는 '세계
100대 건축가'에 포함되었으며
2008년 한국건축가협회상을 수상했다.

조성룡

—

1944년 도쿄 출생의 한국 건축가.
아시아선수촌 아파트, 선유도공원의
설계자로 알려진 그는 동시대 건축가들이
모두 인정하는 작품을 선보여왔다.
그럼에도 자신을 건축가가 아니라
건축사라고 생각하며 전문 식견을
바탕으로 사람들의 안전과 재산을
보호하는 일을 한다고 얘기한다.
성균관대학교 석좌교수로 활동하며 후학
양성에도 힘을 기울이고 있다.

지바 다카히로
Takahiro Chiba

—

이시노마키 공방의 공동 창업자. 스시
셰프로 일하다가 동일본대지진 이후로
아시자와 게이지와 함께 이시노마키를
설립하고 목공사로 전향했다.

카리모쿠
Karimoku

—

1940년 목공소로 시작한 목재 가구
브랜드. 1964년에 가구 판매 주식회사를
설립해서 일본 전역에 가구를 선보였고
1972년에는 일본 최고의 목재 가구
업체로 인정받기도 했다. 편안한 주거
공간을 만드는 데 일조하는 가구, 평생
쓸 수 있는 가구를 만드는 게 이들의
이념이다.

캐스린 구스타프슨
Kathryn Gustafson

—

1951년생 미국의 조경 예술가. 주변
사람과 기존 땅이 가진 역사적 의미를
고려한 조경을 중요시했다. 주로 시민을
위한 공간을 계획했고 어떤 프로젝트를
진행하든 자신의 색깔을 잃지 않고 기존
공간을 아름답게 만드는 데 집중했다.

토라프 건축설계사무소
Torafu Architects

—

2004년에 설립된 건축사무소로
도쿄 메구로 구에 있는 35년 된 낡은
호텔을 개조해 호텔 클라스카(Hotel
Claska)라는 이름으로 재개장하면서
주목을 받았다.

틸다 스윈튼
Tilda Swinton

—

1960년 런던 출생의 배우. 아카데미
여우조연상, 영국 아카데미 여우조연상
등을 수상하며 상업 영화와 독립
영화 모두에서 활발히 활약하고 있다.
1999년 루카 감독과 범죄 스릴러
〈프로타고니스트〉에서 작업한 인연을
시작으로 꾸준히 그의 뮤즈로 함께
활동해오고 있다. 봉준호 감독의 〈옥자
(Okja)〉에 출연하면서 한국 대중에게
얼굴을 알렸다.

파이돈
Phaidon

—

1923년 오스트리아에서 창립된 출판사로 미술, 건축, 디자인, 패션, 사진, 문화 관련 도서를 주로 출간한다. 창립 이후 4200만 부가 넘는 책을 판매했으며 현재는 전 세계 100개국 이상에서 파이돈의 책이 유통되고 있다. 본사는 런던과 뉴욕에 있고 파리와 베를린에도 사무실이 있다.

페데리코 마르체티
Federico Marchetti

—

1969년생 이탈리아의 사업가. 육스 네타포르테 그룹의 창립자이자 최고경영자인 그는 밀라노 금융권에서 근무하다 뉴욕으로 넘어가서 경영 컨설턴트로 활동했다. 럭셔리 브랜드만이 가진 특징과 인터넷의 접근성을 결합한 온라인 사이트를 만들어야겠다는 그의 아이디어는 지금의 육스 네타포르테 그룹의 모태가 되었다.

페르난다 페레즈
Fernanda Perez

—

이탈리아의 메이크업 아티스트. 이탈리아 영화계의 큰 행사인 다비드 디 도나텔로 상(David di Donatello Awards)에서 분장상을 수상한 아티스트다. 2015년 루카 감독의 ‹비거 스플래쉬›에서 배우들의 메이크업 디렉터로 활약했다.

페르디난도 시토 필로마리노
Ferdinando Cito Filomarino

—

1986년 밀라노 출생의 이탈리아 영화감독 및 시나리오 작가. 프랑스 유명 배우 루이 가렐(Louis Garrel)이 주연을 맡은 단편영화 ‹다이아키(Diarchy)›를 시작으로 작품 활동을 이어오고 있다. ‹비거 스플래쉬›, ‹콜 미 바이 유어 네임›, ‹서스페리아›의 조감독을 맡으며 루카 감독과 함께 작품 활동을 했다.

프리츠커상
Pritzker Prize

—

하얏트 호텔 체인을 소유한 프리츠커 가문이 1979년부터 제정한 건축상으로 흔히 ‘건축계의 노벨상’이라고 불린다. 매년 5월, 그해 건축적으로 가장 중요한 장소에서 시상식을 진행한다.

피에르 파올로 파솔리니
Pier Paolo Pasolini

—

1922년 이탈리아 볼로냐 출신의 영화감독. 스스로를 배우, 극작가, 평론가로도 여겼다. 특유의 직설적 스타일과 성적 금기를 다룬 작업 때문에 늘 논란의 중심에 있었다. 영화뿐 아니라 소설도 집필했는데 1955년 «젊은이들 (Ragazzi di vita)»로 주목받았다. 영화 ‹살로 소돔의 120일(Salo o le 120 giornate di Sodoma)›은 파솔리니의 유작으로 이 작품으로 인해 그가 살해당했다는 루머가 있다.

피터 스터츠버리
Peter Stutchbury
—

1954년 시드니 출신의 호주 건축가.
서정적인 기술 전문가로 평가받으며
건축가로 2015년 호주 건축가협회 금상을
수상했다. 자신을 건축가로 만든 것은
자연이라고 말하며, 호주뿐 아니라 일본,
이스라엘, 파푸아뉴기니 등 세계 곳곳에서
주변 환경에 자연스럽게 녹아드는 작업을
진행해왔다.

허먼 밀러
Herman Miller
—

1905년 미국 미시간에서 창립된 사무용,
가정용 가구를 생산하는 회사. 가장
유명한 제품으로는 임스 라운지 체어
(Eames Lounge Chair), 에어론(Aeron)
체어 등이 있다. 1930년까지는 오로지
전통 목재 가구만 만들어오다가 대공황을
거치며 현대적 가구를 만들기 시작했다.

호토
Rotor
—

벨기에 브뤼셀에 있는 건축사무소.
건축설계 외에도 인테리어 디자인, 전시,
출판 작업을 진행한다. 재생 원료로
건축설계를 하는 프로젝트도 진행하고
있으며 파빌리온은 물론이고 고속도로,
서점 등의 디자인 설계를 돕는 등 폭넓은
분야에서 활동 중이다.

후지모리 다이지
Taiji Fujimori
—

1967년 일본 사이타마에서 태어난
건축가. 1991년 도쿄 조경 대학교에
입학한 뒤 여러 건축사무소를 거쳐
1999년 자신의 건축설계사무소를
만들었다. 인테리어 설계와 더불어 가구,
소품을 주로 디자인하며 여러 건축가와도
협업을 진행했다.

180 더 스트랜드
180 The Strand
—

영국 런던에 위치한 브루탈리즘
(Brutalism, 거대 철근이나 콘크리트를
노출시켜 거친 분위기를 조성하는 건축
방법) 건물이다. 2016년에 들어선 이
건물에는 런던의 문화센터인 스토어엑스
(Store X)가 자리를 잡았으며, 데이즈드
미디어 그룹 등 여러 크리에이티브 기업이
들어와 있다.

AA 건축 학교
Architectural Association School of
Architecture
—

1847년에 설립된 영국 건축협회 건축
학교. 런던에 위치한 사립 건축 학교로
다양한 교육 프로그램을 통해 현대
건축계에서 큰 영향력을 가지고 있다.

U.C. 버클리
University of California Berkeley
—

1868년에 설립된 열 개의 캘리포니아
대학 가운데 최초로 설립된 학교. 전 세계
대학 중 상위 10위권에 항상 포함될 만큼
명성이 높은 공립학교다. 설립 이래로
버클리 대학교의 교수진과 연구원
107명이 노벨상을 수상했으며
1960년대에는 재학생이 주도한 반베트남
전쟁 시위로 주목을 받았다.

JOBS - ARCHITECT
잡스-건축가: 빛과 선으로
삶을 그리는 사람

2020년 3월 10일 초판 1쇄
2023년 4월 5일 초판 5쇄

발행인 조수용
사업총괄 김명수
편집장 박은성
인터뷰 남미혜, 박찬용, 서유석, 정혜선, 주규웅, 손현
편집 박혜강, 손현
어시스턴트 신희원
디자인 최유원
교정 교열 박지석
일러스트 엄유정
마케팅 김현주, 김예빈
유통 김수연, 김기란

펴낸곳 매거진 «B»
주소 서울시 용산구 대사관로 35 (한남동)
전화 02-540-7435
홈페이지 www.magazine-b.com
이메일 info@magazine-b.com

ISBN 979-11-6036-103-2 02070

Printed in Korea